板をカンペキに読んで株に勝つ!

気配値と歩み値でわかる取引の裏側

東田 一 著

hajime higashida

ビジネス教育出版社

はじめに

株式投資で勝ちたいと思うのは誰でも同じことです。

勝ちたいがうまくいかないということで、指南書を読んだり、仕手筋の会に入会して高いお金を出して情報をもらっています。

しかし、肝心な売買は自分でしなければならないのです。

証券会社のサイトに入り、注文画面からコード番号を入れて、いくらで買うか決める。さらに、いくらで売るか決める――この判断は、自分がしなければならないし、誰も助けてはくれません。

多くの人は、株価の動きである5分足や日足、週足を見て、株価の位置を確認します。しかし、もっと大切なのは、「今、株の売買の動きはどうなっているか」を表す「板情報」です。

板には、売りと買いがあり、その力関係で上に下にめまぐるしく動きます。そこには、リアルタイムの市場の息づかいが現れます。これを見たり、読んだりしながら、株価の「強いか、弱いか」を察知することは、極めて重要なことです。

しかし、専業のトレーダーは別にして、個人投資家の何割が「板を読み切っているか」怪しいところです。

「株をやっている」という人はいくらでもいますが、「板を見ている」「読んでいる」という人は案外少ないものです。


株の手引書には、ファンダメンタルズ、テクニカルのチャートなどの読み方の本はあふれていますが、「板の読み方」で丁寧かつ細部にわたる解説書は見たことがありません。投資家の中には、「板の読み方を極めたい」という人が少なからず存在することは、事実です。にもかかわらず、それを学ぶ書物が無いのはいかがなものでしょうか。

そこで、投資家の希望にこたえ、さらに個人投資家の皆様が、ファンドや証券会社の運用者と互角に渡り合うためにも、ここに『板をカンペキに読んで株に勝つ』という本をしたため、個人投資家が株で財を成す手助けになるようにしました。

本書では、初心者も、中級者も株で勝つ機会を増やすために、板の基本から、板の間違いない読み方、ファンドや仕手筋が一般の投資家を騙《だま》す「見せ板」の存在や、その悪用の実態など、余すところなく書きました。仕手株特有の板の動きも解説しました。

さらに実践のページでは、めまぐるしく変わる板を素早く読み分ける技術について解説しました。これまで、チャートの本を主に書いてきましたが、ここに本邦初公開、「板情報専門の解説書」を唯一市場に出すことにしました。

板を「カンペキに読む」には経験しかありません。板を数多く見て、読んで、売買して、その経験から、得意な売買のスタイルを自分なりに掴《つか》むことが大切です。

株売買の腕を上げるための「指南書」がこの本なのです。

損したときは板のどこの読み方を間違えたか、成果を上げたときは板のどこに気づいたのか、経験をたくさん積み上げることを祈ります。

私は、個人投資家の味方です。

「株をやってよかった」「株でお金を増やした」

このように自慢できる人が一人でも多くなること、これが私の最大の喜びです。

皆様のご健闘を願い、「はじめに」に替えます。

東田　一

令和元年　6月

『板をカンペキに読んで株に勝つ』——目　次

はじめに

PART 1

「板情報」とは何かを知ろう

1 「板」とは黒板に書いていた株価のことである 16
2 「黒板での売買」で読めてくる「板寄せ」 18
3 板の成立には「気配値」が必要だ 20
4 「始値」というのはその日の市場での最初の株価 22
5 「ザラ場」というのは取引の最中の株価だ 24
6 前引けの「終値」は11時30分である 26
7 「後場寄り付き」は通常は12時30分に成立する 28
8 「大引け」はその日の「終値」になる 30

9 すべての銘柄が大引けを迎えるわけではない 32
10 デイトレで素早く稼ぐなら厚い板の銘柄を選ぶ 34
＜MAXIM格言＞ 他人を頼るべからず、自力を頼むべし 36

PART 2
「板情報」は何のためにあり、投資に必要なのか

1 板はその時点の注文状況を教えてくれる 38
2 「板がないとどうなるか」を知って投資をする 40
3 「厚い板」と「薄い板」では売買の方法が違う 42
4 板でわかる株価の方向性、これを掴むことが大切だ 44
5 「売り板」が優勢になったときの対処の仕方は 46
6 小型の銘柄と大型の銘柄では株価の動きが違う 48
7 少しの資金でも大きく動かせる小型株の特徴は 50
＜MAXIM格言＞ 相場は明日もある 52

PART 3

板に現れる「マーク」に注意しよう

1 「前」が付くのは寄り付きの気配値だ 54
2 「特」マークは「特別気配」だ 56
3 特別気配が目指すものは「板寄せ方式」である 58
4 特別気配が出たときの値動きの制限を知ろう 60
5 魅力のストップ高は「S」マークや「特」マーク 62
6 怖い怖いストップ安の「S」マーク 64
7 「注」のマークである「注意喚起」も時に出る 66
8 株価変動には1日の値幅制限がある 68
＜MAX-IM格言＞人の商い、うらやむべからず 70

PART 4
株の取引には「優先の原則」がある
1 「優先の原則」はアマにもプロにも平等だ 72
2 「価格優先の原則」で有利な売買はどうするか 74
3 「時間優先の原則」は早く出した者勝ち 76
4 板の動きを見て、成約可能な注文を見る 78
5 板を大きく動かす「成り行き買い」の様子を掴め 80
＜MAXIM格言＞ 噂で買って、事実で売る 82

PART 5
「歩み値」を見て、板の変化を読む
1 小型株の歩み値に見られる特徴 84

2　大型の銘柄でも薄商いの歩み値は　86
3　大型株の歩み値には投資家の意図が現れる　88
4　人気化した銘柄の歩み値の特徴はこうだ　90
5　寄り付きからのストップ高には歩み値がない　92
6　急騰している銘柄では歩み値で取引の裏を探ろう　94
7　株価の低い大型株の変動は小幅で稼ぐ　96
8　大引けに大量に買われる株の歩み値は翌営業日に注目だ　98
9　仕手系の人気銘柄は終値の動きに宝が　100
10　前場終値と後場の気配値との乖離を読み込もう　102
〈ＭＡＸ－Ｍ格言〉売るべし、買うべし、休むべし　104

PART 6
注意しなければならない「見せ板」の操作

1　朝の寄り付き前は「見せ板」のオンパレードだ　106

2　8時59分過ぎの板が正しい　108
3　見せ板は「売り」「買い」双方に使われる　110
4　場の途中に出てくる大量の注文を解読する　112
5　ファイナンス前の板は究極の株価操作だ　114
6　値動きの上限を察知する歩み値のパターンは　116
7　底値付近に出る歩み値の特徴は　118
8　ストップ高では究極の「見せ板もどき」　120
＜MAXIM格言＞　行き過ぎもまた相場　122

PART 7
「秒速トレード」で、板の動きを活用する

1　「見せ板」をうまく活用する　124
2　大きな売りの玉が出てきたら、下げの限界を図る　126
3　一定の振り幅を狙う見せ板に乗る　128

4 仕手筋が使う株価操作の波に乗る 130
5 仕手筋の揺さぶりの見せ板の判断の仕方 132
6 逆張りで歩み値をうまく活用しよう 134
〈MAXIM格言〉 もうはまだなり、まだはもうなり 136

PART 8
板読みは心理戦であることを心得よう

1 急落の様相にどう対応するか 138
2 下落に弱い投資家が陥る罠は 140
3 オーバーナイトが怖い性格には 142
4 期待先行が材料の銘柄の注意点 144
5 ストップ高を買ったものの 146
6 薄い板が急に厚くなったときに何があるのか 148
7 損切りの銘柄は見たくもないが…… 150

8 相性の悪い銘柄、原因はどこに 152
9 上げ一服の材料株も買いは旺盛 154
10 ストップ高をつけたマザーズの材料株は 156
＜MAXIM格言＞ 人の行く裏に道あり、花の山 158

PART 9 板読みによるデイトレ実況中継

1 朝の寄り付きから、ソニーの動きを追う 160
2 NY市場上げ、円安ドル高、改元ムードにどう動くか 164
3 強い銘柄の終値近辺の攻防は 168
4 寄り付き前と寄り付き後の動きを監視して 172
5 本来はディフェンシブ銘柄の動きを板から読む 174
6 材料株が朝からどのような動きになるか 178
7 後場寄り付きでの取り組みは…… 182

8 朝の寄り付きに新興市場を見る 186
9 最終的にストップ高、おいしい動きにチャンス 190
10 「夢よ再び」の材料でストップ高連続はなるか 194
〈MAXIM格言〉天井三日、底百日 198

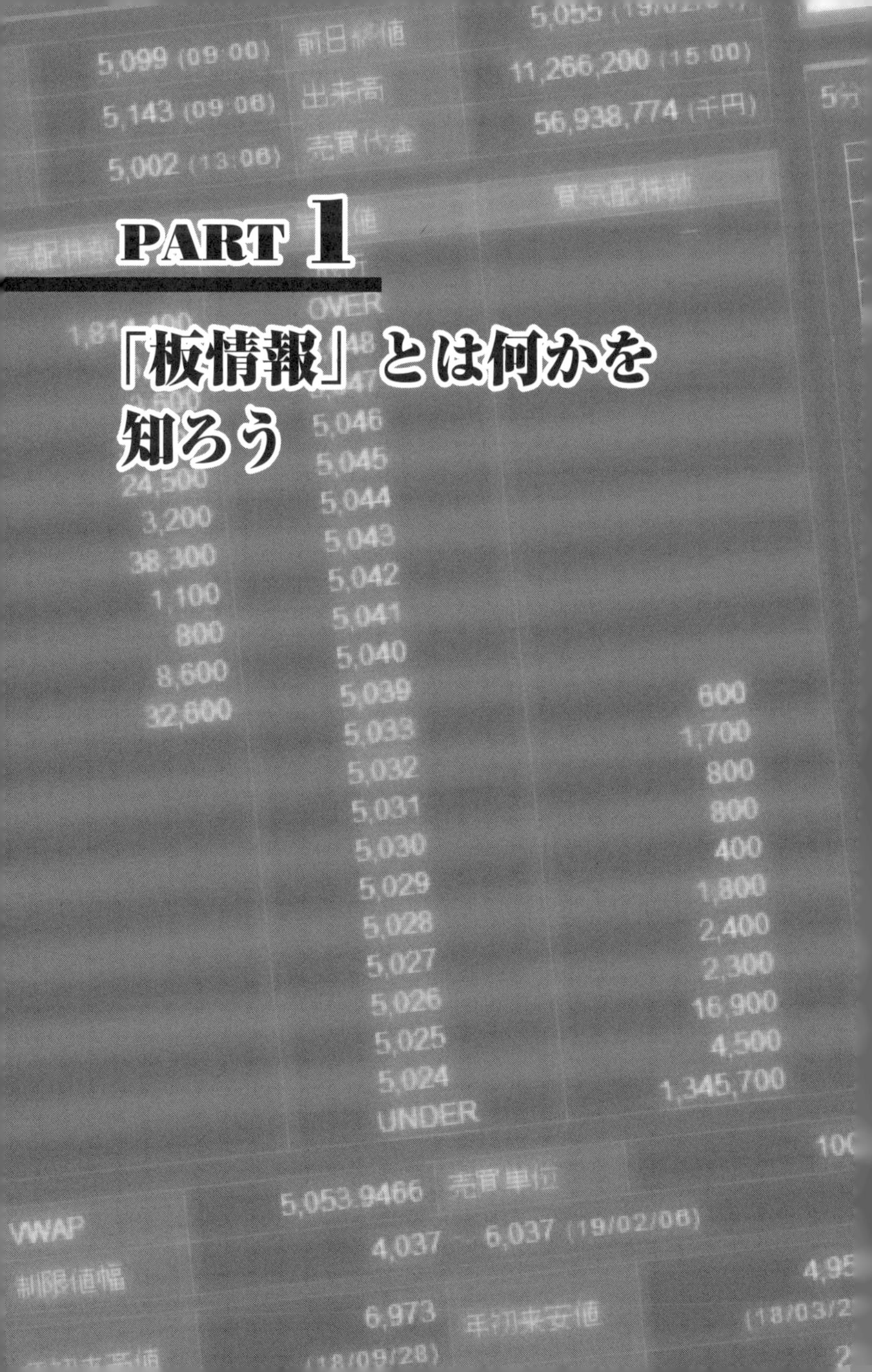

PART 1
「板情報」とは何かを知ろう

1 「板」とは黒板に書いていた株価のことである

ネットで株取引をしている若い人たちは信じらないかもしれませんが、株式の売買は、昔は極めてマニアックなものだったのです。

取引も今のような瞬時で株価の売買成立がわかるのではなく、ネットでの注文もなく、もっぱら電話で客から注文を受けて、証券会社が東京証券取引所などへ連絡し、取引所ではその注文が黒板に書かれて、値段と枚数が合致したものから売買が成立していたのです。

株価が決まる様子も証券会社から派遣された職員が市場から会社に連絡する方法で行なわれていました。この環境から株価の決まる様子を「板」（黒板）というようになったのです。

もちろん、どのような値動きで株価が決まり、売りが多いのか、買いが多いのかは、証券会社の店先でしかわからず、個人が自宅に居のままにして、というわけにはいきません。

ましてや、スマホでリアルタイムの株価の情報がわかることなどありえませんでした。

そのために、どのくらいの値動きで、どのように動いているのかは、証券会社しかわから

買い注文は、どの価格で成立するのか

日立製作所(6501)の場合

買い注文	3490円	100株
	3500円	200株
	3510円	100株
		一番目に成立する
売り注文	3500円	100株
	3510円	100株
	3520円	200株

1）買い注文は、注文の株価と同値の売り注文、または高いほうから成立した。
2）そのために、売買成立のスピードが遅かった。

なかったのです。

その板が、今ではネット証券に接続している投資家すべてがわかるのです。

便利な時代ではありませんか。

しかし、その便利な時代でも株式投資で安定して利益を積み重ねられるかと言えば、必ずしもそうではありません。

なぜならば、せっかく備わった板情報を詳しく読み解いている投資家が少ないからです。

株価の成立には、買いたい人と売りたい人がいて、その枚数が一致しないと成立しません。

それは、昔も今も変わりはありません。

板で、株式の売買の成立を図る、その仕組みをしっかりと読み込んで、賢い売買を行なうことが、儲けの初歩の初歩なのです。

2 「黒板での売買」で読めてくる「板寄せ」

「板寄せ」という名称がイマイチわからないですね。

そうです。これは昔、証券取引所で様々な投資家からくる注文を黒板に銘柄ごとに書いて、黒板の板で注文を寄せ合わせて、売買の成立作業を行なっていたところに端を発しています。

「板寄せ」の作業の中で、一番優先するのが「成り行き」の売買です。

「いくらでもいいから、これこれの株数を欲しい」という株価無条件の注文が当然ながら優先されます。当たり前と言えばそれまでのことですが、チャンスを逃したくない投資家はこのような注文を出します。

次に成約するのは、

①気配値の中で、一番高い指し値の買い

②気配値の中で、一番安い指し値の売り

この方式で株式の売買が成立します。その注文は、もちろん枚数が合致した分からです。

株の売買は「板寄せ方式」で成立する

売気配株数	気配値	買気配株数
1000	成行	12,000
15300	OVER	
100	1040	
500	1030	
200	1020	
400	1010	
	1000	100
	990	200
	980	400
	970	300
	UNDER	22300

これが優先される

1）寄り付き前の板だが、まず、成り行き注文が優先される。
2）次に、高い買い注文と安い売り注文を突き合わせる。
3）買いと売りの注文数が合致したときに売買が成立する。

板には次から次へと注文が来ますので、その注文に合わせて、今ではコンピュータにより「板寄せ」の売買が成立していきます。

昔のように、注文をいちいち黒板に書かなくても、物すごいスピードでコンピュータが売買をさばいていくのです。

パソコンやスマホで板情報を見ていると、目が回りそうなくらいの板の動きの銘柄がありますが、これはそれだけ注文が多く瞬時での売買成立がなされているからです。

もちろん、人気のない銘柄や、大型の銘柄でも人気が落ちている銘柄の板は、注文も少なく、板の更新の速度も穏やかです。

目まぐるしく変わる板はそれだけ、市場で注目されている証《あかし》なのです。

3 板の成立には「気配値」が必要だ

株式投資をするのに、「板を見たことがない」という人がいますが、これはいただけません。株式の相場には、板に「売り気配、買い気配」があることが前提です。注文があって初めて板ができ、売買が行なわれるのです

そのときの相場のリーダー的な銘柄には、大量の売買注文が集まります。

一方で、人気のない銘柄や新興市場の銘柄の中には、注文が集まらなく、売り注文と買い注文の気配値も乖離《かいり》している例がありますが、このような銘柄での投資や売買はなるべく避けるのが、投資の常道です。

株式投資で勝つためには、「気配がたくさん集まり、値動きが活発であること」を条件にして行なうことが賢明になります。

気配には、売りと買いがあることが前提であり、売りの中では図のように、１４５０円の売りが基準になり、これを買う注文が優先的に売買成立となります。

「気配値」を見て売買の指値を入れる

売気配株数	気配値	買気配株数
2000	成行	1800
17700	OVER	
1000	1470	
1200	1460	
500	1450	
	1440	500
	1430	1000
	1420	2000
	1,420	22100

確実に買いたいならここで指値（1470・1460）

確実に売りたいならここで指値（1430・1420）

1）買える株価は 1450 円より高いことが条件だとわかる。
2）ただし、買気配値よりも「成り行き買い」の 1800 株が優先されて売買が成立する。

もし、素早く買いたいときには、１４６０円の指し値注文を出せば、間違いなく買うことができます。

逆に、相場が下落しているときは、１４２０円に買いの注文を出しておいて、下がってきたところで買うという作戦もあり得ます。

「成り行き」の売りと買いの枚数が表示されるのは、午前でも午後でも、取引時間中ではなく、前場と後場のそれぞれ寄り付き前の気配値のときに表示されます。

取引時間中の成り行きの売り買いは、即座に成立するので、板に現れることはありません。

4 「始値」というのはその日の市場での最初の株価

東京証券取引所では、取引は朝の9時にスタートします。すべての銘柄は、この時間に「よーい、ドン」とばかりに取引が始まるのです。

最初に「買い気配」「売り気配」で枚数が合った銘柄が初めての売買成立です。この初めての株価成立のことを「始値」と言います。もちろん、売りでも買いでも一番手の株価で優先的に成立します。

大型の銘柄や、小型でも売買注文の多い銘柄は大体は、朝の9時と同時に売買が成立します。しかし、商いが薄く、「売り」と「買い」の値段や枚数が合致しない銘柄は、始値がつくまで時間がかかりますので、始値が9時というわけではありません。

また、極端に「売り」「買い」が片方に傾いている銘柄は「買い気配」「売り気配」のままで、「特」のマークがついたままで、成立に時間がかかります。

さらに、極端な「好材料」「悪材料」が出た銘柄は、注文が片方に傾きすぎて、ストップ高、

「始値」を見て売買の指値を入れる

売気配株数	気配値	買気配株数
ー	成行	ー
10700	OVER	
600	1510	
500	1500	
200	1490	
800	1480	
	1470	700
	1460	1300
	1450	500
	1440	800
	UNDER	20700

1）最初の取引では「成り行き注文」が成立する。
2）次に、「売り」と「買い」が同値になった時点で、次の株価が形成される。

ストップ安のままで売買が成立せず、「比例配分」という形で、初めての株価が記録されます。

この場合には、始値も終値もなく、比例配分された株価がその日の「終値」扱いになるのです。

このように、それぞれの銘柄の始値は、その日の9時につくわけではなく、注文状況により、異なります。ただ、大半は朝の9時に始値がつきます。

比例配分は、買いでも売りでも、圧倒的に注文のバランスが合わないときに、少ない注文を証券会社に割りてて、時間優先や抽選などの社内規定で成立させる方法です。

5 「ザラ場」というのは取引の最中の株価だ

始値でも終値でもなく、その日の取引の最中に売買で株価が成立されていく期間を「ザラ場」と呼んでいます。「ザラにある場所」と言うがごとく、寄り付き時点から、大引けにかけて、普通に取引されている時間という意味です。

始値、終値は、「板寄せ方式」で株価が成立しますが、場の途中の取引では、「売り」と「買い」の注文を合わせる「オークション方式」で、株価が順次成立していきます。

「売り」と「買い」の株価が同じで同じ注文数のものが、注文時間の早いものから、どんどん成立して、目まぐるしく板が動いていきます。

ただし、「成り行き」の注文はこの板には現れません。

株価の成立の仕方は、その日の全体相場にも影響されますが、個々の銘柄の人気度や、これまでの株価の推移にも影響されます。

ザラ場の株価の上昇、下落の動きをよく見ながら、板情報を監視していくことが、株式投

取引が始まると随時株価が形成されていく

売気配株数	気配値	買気配株数
500	1540	
300	1530	
800	1520	
700	1510	
	1500	800
	1490	1200
	1480	1100
	1470	1000

市場が開くと、初値がつき、その後に随時「オークション方式」で株価が形成されていく。

資で順調に利益を上げ、投資の確率を上げる基本的な行動になるのです。

ある程度、注目されている銘柄の株価は一瞬たりとも同じ株価で定まることはなく、売り買いで小刻みに上下を繰り返します。

微妙な動きの中でも、買いが勝り株価が上値を追う場合と、売りが多くて株価が下を向く例がありますので、この動きの中で投資のタイミングを図ることが大切です。

基本的に「成り行き」の動きは読めません。上図で、成り行き買いが５００株出たら、１５１０円の売り株数は７００株から一気に２００株に減ります。

反対に、成り行き売りが３００株出たら、１５００円の買い株数は８００株から一気に３００株に減ります。

6 前引けの「終値」は11時30分である

その日の市場の取引は、午前中は9時に始まり、11時30分に午前中の取引が終わります。

午後は、12時30分に再開されますが、昼休みを挟むために、前場の取引は11時30分で「前場終値」となり、午前の取引が終わるのです。

もちろん、すべての銘柄が11時30分に終値をつけるわけではありません。

売買注文の少ない銘柄や新興市場の薄商いの銘柄は、11時20分とか、10時55分に終値を迎えるものもあります。

さらに、売りと買いのバランスが極端に悪い銘柄は、板寄せ方式で場の途中では売買が成立しないで、11時30分に板寄せ方式で株価が成立します。

ただ、強烈な悪材料や好材料が出た銘柄は、前場でも売買は成立せず、「売り気配」「買い気配」のままで、後場に突入します。

それで、後場でも商いのバランスが合わないときには、「大引け」で、「比例配分」により、

前場(後場)の最終値が「終値」(前引け・大引け)

売気配株数	気配値	買気配株数
1500	1560	
2100	1550	
800	1540	
1700	1530	
	1520	1000
	1510	1200
	1500	900
	1490	1000

前場の引け後には「11時30分」から「12時30分」までの空白がある。

終値となります。

この例では、「前引けの終値」は、存在しないのです。

前場で「売り気配」「買い気配」のまま、後場に引き継がれ、大引けのときにあらかじめ定められた方式により配分され、売買が終わります。

注文しても成立しなかった分は、自動的に取り消しとなります。

その場合は、翌日に改めて注文を出すか、どうしても買いたいときは、その日のうちに、成り行きで買い注文を出せば、有利に買える可能性があります。ただ、ストップ高銘柄の深追いはリスクもあります。

7 「後場寄り付き」は通常は12時30分に成立する

東京市場は、11時30分から12時30分の1時間の昼の休憩を挟み、12時30分から後場の取引が始まります。

後場は、寄り付き前の12時10分の「寄り付き前気配」から始まります。

後場の取引は世界第二の経済大国である中国の上海市場の動向や、この朝に発表される中国の経済指標の評価により、極めて大きな影響を受けます。

とくに、我が国の産業は中国に多くの企業が進出し活動していますので、これらの企業活動や業績に少なからず影響が及び、株価もそれを織り込むのです。

上海市場は、東京市場より1時間半遅く始まり、日本時間では10時30分に始まり、12時30分に前引け、後場は14時から16時になります。前場・後場はそれぞれ、東京市場は2時間30分ですが、上海市場はそれぞれ2時間しかありません。

この「タイム差」で何をどう読むかで、後場の取引は大きく動きます。

「後場寄り」は12時30分の初値

売気配株数	気配値	買気配株数
500	1650	
300	1640	
700	1630	
800	1620	
	1610	2000
	1600	2200
	1590	1800
	1580	2500

↑ 株価上昇
買い数量増加

一般的に「寄り付き」は前場の寄り付きのことを言うが、「後場寄り」は前場の寄り付きと区別するために言われる。

中国の上海市場の影響が出やすく、上海市場が上昇すると、日経225平均採用銘柄は買われやすい。


東京市場では前場と同じく、後場はほとんどの企業の株価が12時30分に寄り付きます。

前場と同じ傾向の株価のときもあれば、一転して、強いときもあるし、逆に、弱いときもあるので、用心が必要になります。投機筋は株価を激しく上下させて、「鞘《さや》取り」を狙いますので、「先物売り」「先物買い」の動きには、殊《こと》のほか、用心が大切になります。

とくに、デイトレーダーは、外資の売買に対するスタンスの違いに敏感に対応することが、勝敗の確率を上げる要素となるのです。

また、買い気配、売り気配の強い銘柄は、反対売買の実数が増えない限りは、「気配」のままで、売買が成立することはなく、後場の寄り付きもありません。

8 「大引け」はその日の「終値」になる

一般的に、「今日の株価はいくらだった」と言うときは、その日の大引けの株価、すなわち「終値」を指します。

大体の銘柄は、15時00分の取引が終値になりますが、薄商いで、瞬時には取引が成立せず、間隔を空けながら売買が成立する銘柄や、極端に売買の枚数が偏る銘柄は、必ずしも15時に大引けを迎えるわけではなく、たとえば、14時50分に成立した株価が終値となる例も少なくありません。

大体の銘柄の大引けの売買成立は、その前のザラ場の出来高に比べて多くなります。

これは「オーバーナイト」という、一晩寝せて翌日に利益確定を狙うスイングトレードの投資スタンスをとる人や、翌日の株価が安いと見るか、高いと見るかの対立で取引量が増えることが考えられます。

ネットで「大引け」での注文を出して売買成立を狙いたい人は、15時前に注文を出さない

「大引け」での売買スタンス

- 株式投資では、翌営業日の株価が高いと予想できるときは、「大引け」で買い、翌営業日の「寄り付き」や上昇タイミングで売ることが有利となる。
- 「大引け」で買うときには、15時00分よりも前に注文を出す。その際には「大引け」を指定して注文を出す。15時ピタリに注文を出しても必ず買えるとは限らない。

といけません。

もちろん、板を常時見られる環境にある人は、大引け間際に、「成り行き」での注文を出すことで、売買成立が可能です。その日のうちにトレードを終了させたいデイトレなら、リスクを抱えたままで一晩寝かしたくない人は、手持ちの株を「大引け」の注文で、「指し値か成り行きか」の注文を出して、手仕舞いしてしまうのです。

ただ、確実に大引けで売買するためには、15時の時間指定では、「成り行き注文」でなければ注文成立にはならないので、用心しなければならないのです。

なお、スイングトレードというのは、その日に取引を済ませるデイトレではなく、数日から、数週間の間に取引を終わらせる取引のことです。

9 すべての銘柄が大引けを迎えるわけではない

「板」には、銘柄の人気度や発行株数により、「厚いもの」「薄いもの」に分かれることを知っておきましょう。

個人投資家が売買をするには、できれば板が常に変化する「厚い板」か、「まあまあの板」であることが好ましいのです。

ここに挙げた銘柄の板は、どちらかと言えば「薄い板」で、主にジャスダックやマザーズなど新興市場の小型の銘柄に見られます。もちろん、東京一部の大型の銘柄でも、ここに挙げたような注文枚数が１００株という「薄い板」も少なくはありません。

市場全体に流入する投資の資金は、ほとんど一定なので、人気銘柄に大量の注文が集まると、いわゆる「蚊帳の外」の銘柄には、外資や法人などの資金は集まらず、板に見られるような１００株単位の閑散な商いになるのです。

閑散な銘柄でトレードを行なうときは、どちらかと言えば、「下値で仕込む」「持ち合いに

「薄商い」の板に注意

売気配株数	気配値	買気配株数
800	1330	
100	1320	
100	1315	
100	1308	
	1290	100
	1280	100
	1260	400
	1200	200

売りの気配が離れている

買いの気配が離れている

「薄商い」と言われる「不人気銘柄」では、売買に参加する人が少ないので、大型株・優良株のように瞬時に売買が成立するわけではない。

乗る」投資行動であり、「デイトレ」や「秒トレ」には向きません。

薄い板は、株価の数値が開いていて、取引可能な株価に注文が集まらず、「買い待ち」「売り待ち」の注文が板に見られるので、スムーズな売買は不可能です。うっかり、「成り行きの買いや売り」で、不利なポジションを持たないように用心しなければなりません。

このように、板の薄さ、注文の枚数の乖離《かいり》は、5分足などのチャートでは明確に読み取ることはできず、板情報や後述する「歩み値」をしっかりと読んで売買する必要があります。

よほどの事情がない限り、薄い板でのトレードは避けるほうが望ましいでしょう。

10 デイトレで素早く稼ぐなら厚い板の銘柄を選ぶ

たくさんの売買資金が集中し、株価の動きも活発な銘柄は、国際優良株やそのときの時流に乗った材料株です。

目まぐるしく上下に動き、時には「新高値」をとる銘柄には「仕込み」「利益確定」のチャンスがたくさんありますので、「板が厚い」銘柄を選んでトレードすることを勧めます。

板が厚いということは、売買注文の株数が「100株」「300株」というのではなく、1万株、1万5000株というように、大量の注文が板に見られるのです。

このような板に対して、300株、500株の成り行きの売買の注文を出しても、あなたの注文で、株価が大きく変動することは、まずありません。

板が厚いというのは、大量の資金を動かす外資筋、国内法人のお金がその銘柄に流れてきているので、プロたちにも人気があり、その銘柄にターゲットを絞って投資を行なっている証拠なのです。

人気銘柄は成り行きの売買でもリスクは少ない

売気配株数	気配値	買気配株数
5000	6806	
2800	6805	
4200	6804	
3000	6803	
	6802	2500
	6801	4100
	6800	3200
	6799	7100

たとえば、「トヨタ(7203)」は常に大量の売買が行なわれている。

短期の投資、とくにデイトレでは、上にでも下にでも値動きが激しいことが良い環境になります。

とくに、人気の銘柄の下値からの初動の上げであれば、朝の株価よりも大引けに向かった株価のほうが高く、「日足での陽線」の銘柄が多くなりますので、投資の失敗が少ないのです。

上値追いの銘柄では、その日に手仕舞うデイトレを繰り返しても、上げ下げをしながら、上値を追いますので、大きな含み損を出す可能性は少ないのです。

再度言いますが、トレード対象の銘柄は、底をつけて、上値を追う傾向の銘柄が最適です。

間違っても、上値から、大きな陰線をつけた「下落傾向」の銘柄に手を出してはいけません。

MAXIM 他人を頼るべからず、自力を頼むべし

株式投資で当たり前に見受けられる言葉は「何を買ったら儲かるか」というフレーズです。

確かに、銘柄により、上げトレンドではどのタイミングで買っても、やがては利益が乗り収益を手にできるということはあります。

いわゆる人気銘柄、トレンディーな銘柄です。ITの先導役であるソフトバンクは、長いトレンドで見れば右肩上がりであり、自信を持って保有すれば損をする可能性は低いとさえ言えます。

しかし、どの銘柄でも、短期でも中期でも上げ下げがあり、怖いような動きもあります。その動きの中で、自信がないと、「マイナスが大きくなった」ということで、不安になり、投資自体が怖くなることがあります。

それに対して、自分がしっかり調べて、自信を持って投資した銘柄は、持っていて下げてきても、「大丈夫、そのうち買われるはず」という不安にならないだけの裏付けがありますので、極端な不安の要素はなくなります。

他人頼みの銘柄ではなく、自己責任で決めた銘柄のほうが、株価の上下の動きに対して抵抗力があるのです。

自力で開発し、投資する姿勢にこそ、儲かる力を養うことができるのです。

PART 2

「板情報」は何のためにあり、投資に必要なのか

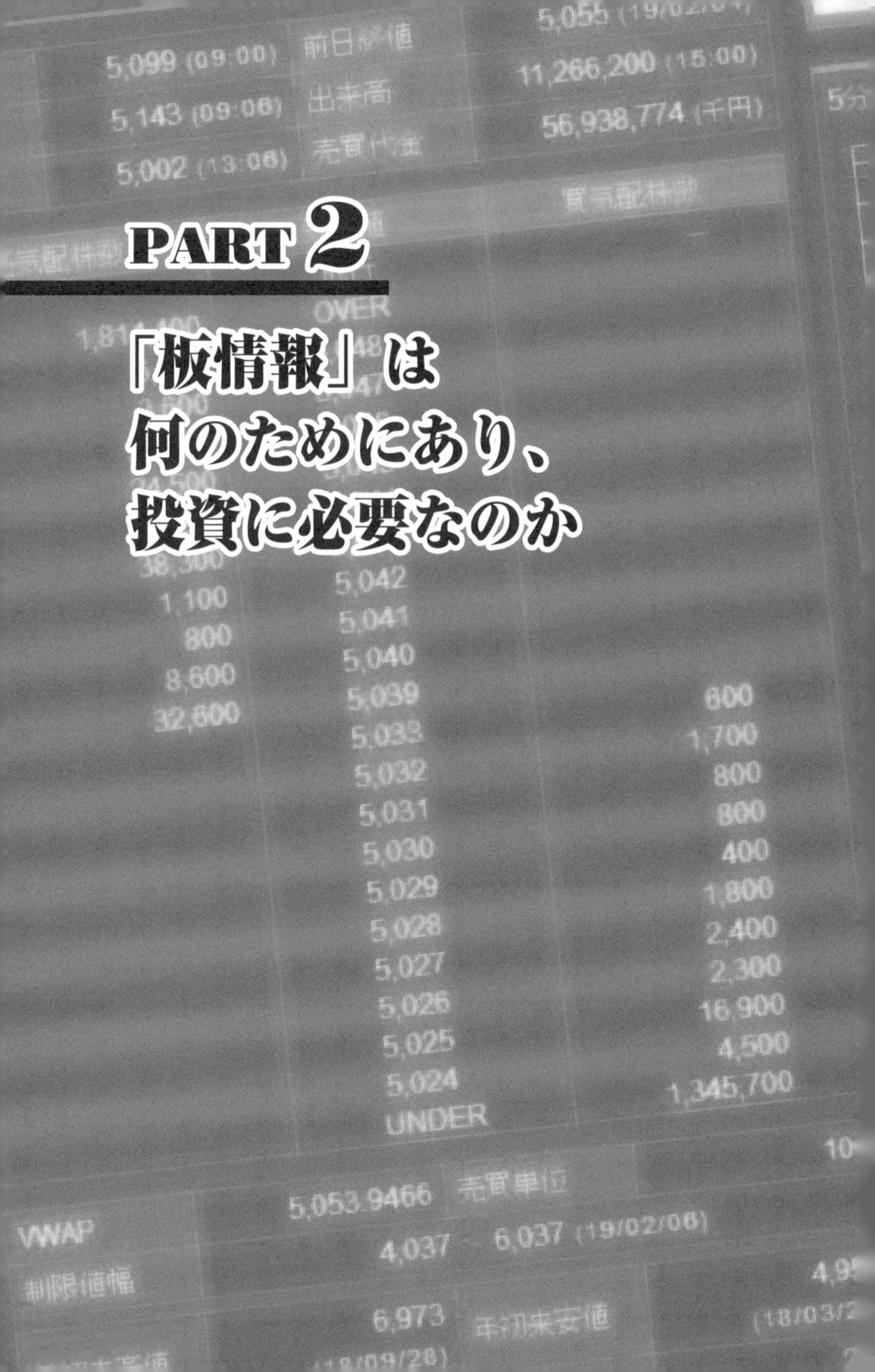

1 板はその時点の注文状況を教えてくれる

株式投資で「板を見ない」という人がいるとすれば、それは「戦いの準備不足」であると言われても仕方がありません。

投資の世界はプロたちの戦いの場であり、その中で継続して利益を積み重ねていくためには、使用可能な投資のツールはすべて使いこなさなければ、誰でも使えるツールの使用権を放棄しているようなもので、株式投資で勝つ可能性を捨てることになります。

株式の売買は、売りと買いがあり、株価が一致して、初めて「板寄せ方式」で売買が成立することはすでに述べました。

株式投資では、東京市場にある3600銘柄あまりに対して、ターゲットを絞り、自分なりの株価目標を持って売買することになります。株式に対しては、それぞれ、好み、得意業種などがありますから、自分がやりやすい業種や銘柄で勝負するのが一番いいでしょう。

ある銘柄に投資するときに投資家が気にするのは、

「板」は売りと買いの注文を教えてくれる

ある日のファンケル(4921)の板

売気配株数	気配値	買気配株数
300	2363	
200	2362	
100	2361	
300	2360	
	2359	200
	2358	100
	2357	400
	2356	500

商いは薄いが、気配値に切れ目なく、注文はそこそこあるので、その日の高値・安値を見ながら「指し値」ができる。

①業績はどうか
②買われすぎか、そうではないか
③人気度はどうか
④配当金はあるのか
⑤過去の株価の動きはどうか

このくらいのデータは見ると思います。

しかし、いざ売買となるときに、一番大切なデータは「板」なのです。表面的にいかに素晴らしい会社であるとか、「美人に見える」という要素があっても、実際の買いがなければ、株価は上がらないし、逆に売る人がいなければ、株の売買は成立しません。

その株式投資の基本の基本である「板情報」で、売りと買いの気配や動きが提供されていますので、これをうまく活用しましょう。

2 「板がないとどうなるか」を知って投資をする

大型の銘柄でも小型の銘柄でも、どのくらいの「売買注文があるのか」は、投資行動をとるときに最も大切なことです。いかに、「好きな会社」、「つながりがあり、よく知っている会社」であっても、売り買いが極端に少ないのでは、投資対象としての旨味はありません。

「この銘柄で利益を出したい」というときに様々なデータを見ますが、肝心なことは、過去の株価の高い・安いの動きの中で、今はどの位置にあるのか、さらに株価の向きはどうなのか、ということです。

それを踏まえて、売買注文がそこそこ集まっているならば、「では、ここで買ってみよう」となるはずです。

板情報では、たとえば、今日の寄り付きではどのくらいの売りと買いがあるのか、売りが多いのか、それとも買いが多いのか、これを見ることができます。

売りが多いようであれば、「もう少し下がったところで買うほうがいいかな」という考え

ある銘柄を売買するときに、
「板の気配」がないと、どうなるのか？

売り希望株価　1500円
1100円　買い希望株価

これでは売買が成立しないので

↓

売り希望の人は　1500円 → 1350円 → 1250円
買い希望の人は　1100円 → 1200円 → 1250円

↓

売り希望の人　1250円　買い希望の人

これでようやく売買成立！

ようやく売買成立するが、流動性に欠け、不安定である。
そこで「板」が生まれた！

方が浮かびます。

また逆に、買いの枚数が半端でなく多いときは、「どこで買えばいいか」「買いが多いが利益確定の売りも出てくるはずだから、一段落するのを見よう」という考えも浮かびます。

どれもこれも、売買の気配を表す「板情報」があればこそ、投資判断ができるのです。

市場では、売買のバランスがとれなければ売買成立しませんが、市場に参加する側でも、銘柄に対する売り買いの枚数のバランスがあることで、投資すべきかどうかの、決断を引き出すことが可能になるのです。

3 「厚い板」と「薄い板」では売買の方法が違う

ネットでトレードを行なうときに、板の厚さによって売買手法が変わります。

まず、「厚い板」というのは、気配値に空きがないどころか、それぞれの株価に極めて多くの注文が並びます。不人気の銘柄や新興市場に見られる100株単位の注文は全く見られず、ほとんどが1000株以上の売買の気配が並びます。

このような板では、コンピュータ売買の「アルゴリズム」も参入して、薄利での「鞘《さや》取り」を行ないますので、板はますます忙しく動きます。

チャート上で、株価が下から立ち上がったばかりであり、上値が高いと思うときには、板の状況を見ながら、「成り行き買い」での参戦も可能であり、激しく上下動を繰り返すようであれば、下値に注文を指し値して割安にゲットすることも可能です。

一方で、注文株数が少ない人気離散や不人気の小型の銘柄では、注文そのものが、100株、200株と少なく、「気配値」も続いておらず、かけ離れた株価が出ているときがあります。

厚い板と薄い板での成り行き注文

※厚い板には「成り行き注文」を出してもリスクは低い！

	売気配株数	気配値	買気配株数	
注文が多い	1700	3240		気配値が連続している
	1800	3230		
	2000	3220		
	1200	3210		
気配値が連続している		3200	1500	注文が多い
		3190	1200	
		3180	2100	
		3170	1800	

※薄い板には「成り行き注文」を出すとリスクが高い！

	売気配株数	気配値	買気配株数	
注文が少ない	200	1720		気配値が離れている
	100	1714		
	100	1710		
	200	1690		
気配値が離れている		1685	100	注文が少ない
		1683	300	
		1680	200	
		1678	500	

そんなときは、次のようなリスクがあります。

①成り行きで買うと、売りでも買いでも、予測不可能な不利な株価で売買が成立する。

②大きい枚数で成り行き買いや売りをすれば、それだけで株価を大きく動かしてしまう。

③もし大量の持ち株での売りや買いを出せば、一人の注文で「ストップ高、ストップ安」になる可能性もある。

たとえ大型株であっても、不人気銘柄に注文を出すときには用心しなければなりません。

4 板でわかる株価の方向性、これを掴むことが大切だ

株価の瞬時の動きを表すティックチャートや、1分足、3分足、5分足でも、株価が動く方向性はわかります。

しかし、株価の勢いや「上に行くのか、下に行くのか」の株価の方向性で一番掴みやすく、感じやすいのは、やはり「板の変化」です。

明らかに下落方向にあるときは、「売り気配の残総量」である「OVER」の数値が極めて多く、利益確定や「投げ」の様相が出てきます。このような「落ちるナイフ」のときには、いかに有利な株価に見えても「手出し無用」です。落ちて落ちて「ストン」とくるまでは、若干の買いが見られるまでは仕込んではなりません。

これに比べて、株価が上値を追うような銘柄は、気配値を見ていると下から大きな単位の買いの注文が次から次へと湧き出てきます。

これは投機筋やファンドが「このくらいの株価で集めよう」と考えて仕込んでいるに違い

「買い」が多く、上昇傾向の板には

売気配株数	気配値	買気配株数
113200	OVER	
500	2291	
1000	2290	
800	2289	
1100	2288	
	2287	2100
	2286	1800
	2285	3200
	2284	3500
	UNDER	235500

OVERは気配値2292円以上の売り数量の総数である。

UNDERは気配値2283円以下の買い数量の総数である。

1）この板では買いの総数が売りの総数の倍以上あり、人気化している。
2）ただし、継続的に上昇するとは限らない。

ないので、売買のバランスも「UNDER」に大きな枚数がデンと構えます。

明らかに株価は上に行こうとしているので、投資家は指し値でも、成り行きでも売買可能な株数と価格を決めて、注文するとよいでしょう。

ただ、板の勢いにも「ダマシがある」ときもあります。板を勢いよく見せて、「これは買いだ」というムードを見せながら、ひそかに利益確定を行なっているのです。

このような動きが読めたら、下値で待つか、動きが止まったら、逃げるしかありません。

相場も、板も、一筋縄ではいかない、「騙しあい」横行の市場です。あくまでも冷静に、強気になりすぎず、弱気にもならず、客観的に見る「相場観」が必要になるのです。

5 「売り板」が優勢になったときの対処の仕方は

どの銘柄にも言えることですが、株価上昇の過程では、売りをこなしながら行きますので、ほとんどの銘柄がなだらかに上に向かいます。右肩上がりになると、我も我もとばかりに買いが湧いてきて、さらに強気筋に乗せられて、株価は上昇街道を上げていきます。

しかし、株価に「青天井の上げ」はありません。

かつて、ソフトバンクの株価が18万円近く（補正前）になり、NTTの株価が300万円になりましたが、ある程度から上の株価は「狂気」とも言えるムードによる上げであり、理屈も何もない状態であり、まるで博打相場なります。バイオ関連の小型株でもよく見られる現象です。

そのあとに待っているのは、急な断崖絶壁であり、下げが下げを呼ぶ展開であり、誰も止めることはできません。

ここまで極端ではないにしても、一度上昇に向かった株価が下落を始めると、この動きを

「売り」優勢の板の特徴は

売気配株数	気配値	買気配株数
454200	OVER	
3200	3312	
2500	3311	
3200	3310	
2000	3309	
	3308	400
	3307	700
	3306	1100
	3305	900
	UNDER	125900

1）売りの総数が買いの総数に比べて圧倒的に多く、急落が予想される。
2）悪材料が出たときに、このようないたになりやすい。

支える買いは引っ込んでしまい、「弱気」の見方に傾いてしまうのです。

板に現れた売りと買いのバランスは、売りの残りの総数であるOVERが急増して、買いのUNDERの総数が少なくなります。

これを見た投資家は、これは「危ないな」と感じてしまい、ますます弱気に転換して、今まで買おうかなと考えていた人が「これは売り建てで稼ごう」と、投資のスタンスを変えてきます。

そうなれば、利益確定の売りに加えて、カラ売りが急増して、売買のバランスをさらに悪化させます。

このように、売り勢力が勢いづいた段階では、明らかに「売り有利」の板になったことを察知しなければなりません。

6 小型の銘柄と大型の銘柄では株価の動きが違う

資本金の大きい銘柄と小さい銘柄では、値動きも違うし、「板情報」を見るとわかりますが、板の厚みも全く違います。

大型の銘柄は、発行株式数が多く、市場に出回っている「浮動株」も半端な数ではありません。そのために、少しの売りや買いが入っても、株価変動にもさしたる影響はありません。

この「値動きが緩慢」なことを利用して、大きなお金を運用するファンドや年金資金などは、わずかな値動きを利用して、小幅・大量の資金運用で、確実に利益を増やします。

大型株が大きく動くのは、新規事業や企業合併、提携などの将来の収益体質を変えるものや、業績の大幅な変化です。そのために、目先の利幅を狙う小口の資金はあまり向かいません。向かうとしても、大口の後に続いて、わずかな利益を狙う「安全運転」とも言えるミドルリスク・ミドルリターンの資金です。

大型の銘柄の値動きの特徴は、国内経済の指標や外国の様々な不安定要因などに引きずら

大型株の売買数量は多いが…

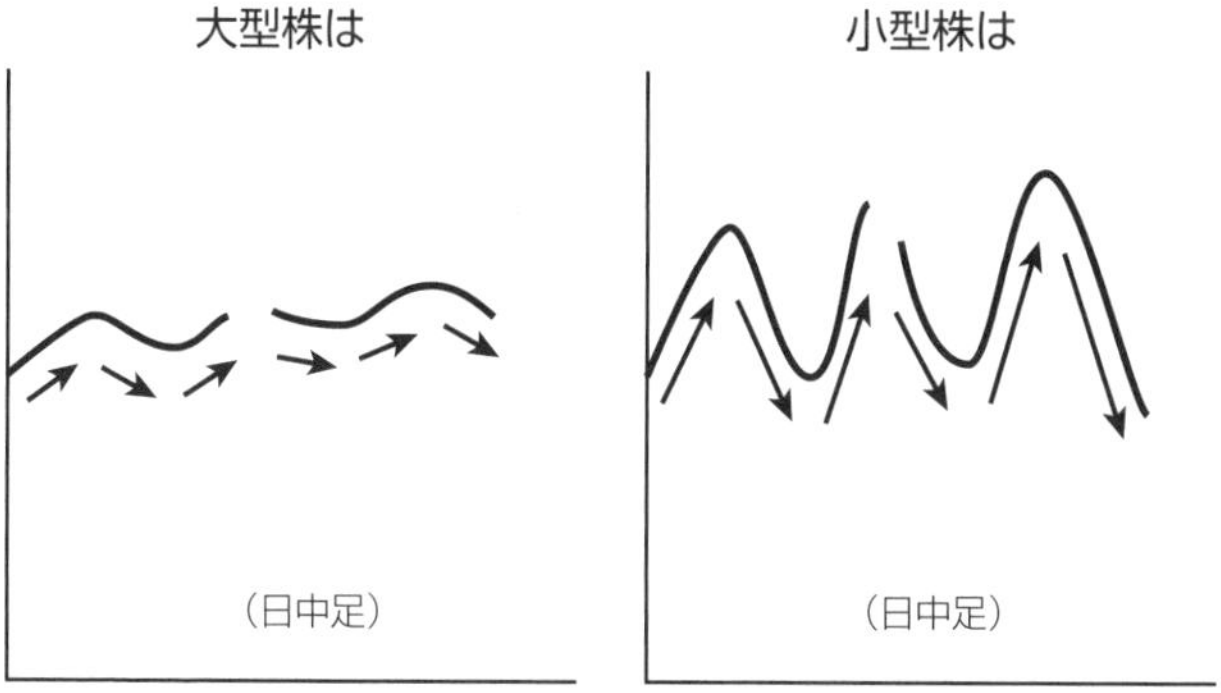

大型株の値動きは小型株と比べて緩やかであり、利幅は取りにくい。

れ、日経225平均に連動します。そのために、日経平均が調整局面に入ったときは、下値を探る動きになります。ここで仕込むかどうかはある程度のテクニカル面の分析が必要になります。「調整の行きすぎ」が鮮明になったときには、仕込むチャンスです。

ほとんどの悪材料を織り込んで、リスクオフの状態から、仕込みの態勢に入ります。

これが大型の銘柄の仕込みの好機になり、利益確定のチャンスになります。大型株でやっていけないのは、ファンドが利益確定に動いたタイミングで仕込みに回ることです。

ファンドは、一定の利益が出れば、否応なしに売りに回るので、個人の資金などはひとたまりもありません。

7 少しの資金でも大きく動かせる小型株の特徴は

個人投資家が好んで投資対象に選ぶ銘柄は、何と言っても「小型の材料株」（材料株＝業績よりも、その銘柄固有の材料によって値動きする株）です。

何がそうさせるのかと言えば、次の理由が主な要因と言えます。

①値動きが魅力である
②時にはストップ高もある
③少ない資金で大きく稼げる

小型の銘柄を専門に扱っている投資家から見れば、動きが緩慢で外資の投資行動に大きく影響される大型株などは「全くの対象外」となるでしょう。

ただ、用心しなければならないことがあります。

それは、無配、赤字でもガンガンと期待で上がることが新興銘柄の特徴ですが、「夢」が敗れれば、たちまちのうちにストップ安の連続となることです。

小型株が個人投資家に好まれる理由は

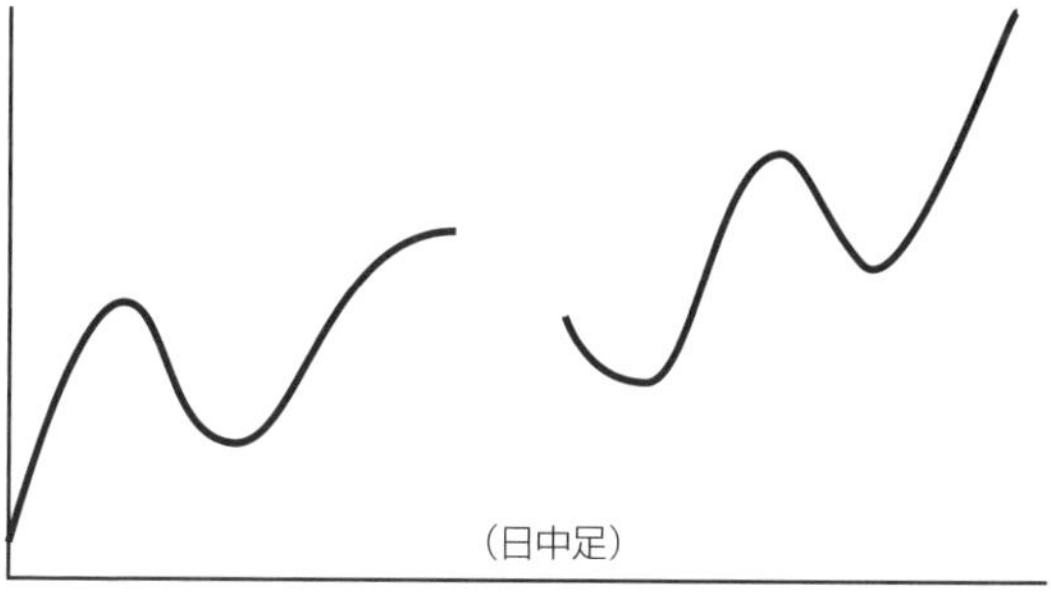

1）値動きは大きく、利幅はとりやすい。
2）ただし、リスクもあり、板をよく見ないと損失も大きくなる。

極めてハイリスク・ハイリターンなのが、この銘柄群の特徴です。そのために、新興市場の銘柄で勝負する人の中には、「億単位の富」を手にする人もいれば、失敗ですべてのお金を失う人も出てきます。

とくに、バイオ関連の銘柄は、果てしなく遠い先の期待を「先食い」して株価が上がり、「妥当株価」などはあり得ず、逆に期待が失敗で裏切られれば、急落する地獄の大暴落が潜んでいます。

そのために、板に湧き出した大量の売りに対しては、事の本質を即座に理解して行動を起こさなければ、ストップ安の連続の前に「あれよあれよ」と言う間に資産を減らすことになるのです。

悪材料が出たときは、迷わず手仕舞いが得策です。

MAXIM 相場は明日もある

株式投資で陥りやすいのは、「今買わないとチャンスを逃す！」というあわてる気持ちです。ぐんぐん上げてくると、「早く買わないと遅くなる」という焦りが生まれます。

しかし、株価は一本調子で上げていくものではなく、上げの後の「利益確定」を挟みながら、徐々に上げていくのが普通です。

株価は日足で見ても、週足でも、必ず陰線と陽線が混じり、利益確定をこなしながら推移するのが普通です。

「今買わないと上げてしまう」という焦りで買えば、利益確定の売りで調整がきたときに、「買ったら下がるな」という気弱な気持ちになります。

そこで大切なことは、押し目のチャンスを待つ姿勢です。

今日買わなくても、明日買ったほうが割安に買える可能性もあります。万が一上がっても、市場には3600銘柄以上が上場されていますので、「この株を買わないと儲からない」ということはないのです。

このように、「今日買わなくても明日がある」という冷静な考え方が結果的には良好な結果になりやすいのです。

東京市場の動きは、NY市場の動きに左右されやすいので、ダウ平均株価が押したタイミングを待っていたほうが、結果は良いはずです。

投資では、付和雷同でうまくいくことは少ないのです。

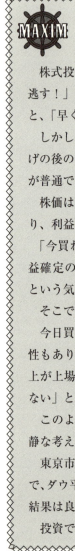

PART 3

板に現れる「マーク」に注意しよう

1 「前」が付くのは寄り付きの気配値だ

さて、取引に当たって、板を「どのように見るか」の基本的なことを確認しておきましょう。板はその日の朝の取引前の午前8時から表示されます。

証券取引所の売買の開始は午前9時からですが、投資家へのサービスのために、1時間前の8時から「気配値」として、パソコンやスマホなどで閲覧できます。

取引所では、売買を行なう人たちが、できるだけスムースに、大きなリスクを抱えこまないで売買ができるように、この「気配値」を表示するのです。

売買は、売りと買いがなければ成り立ちません。

取引前に、「今日はどのくらいの売買があるのか」「売りが強いか、買いが強いか」を表示することで、「もうそろそろ動きが悪くなったので、利益確定しておこう」という人がいれば、「ここは押し目だから買っておこう」という人も出てきます。

投資家が売買の行動を決めるのは、個別銘柄の材料や寄り付き前の売買の注文数、さらに

「前」マークは寄り付き前の気配

売気配株数	気配値	買気配株数
-	成行	
124300	OVER	
700	1120	
200	1119	
800	1118	
500 前	1117	
	1116	前 400
	1115	1100
	1114	200
	1113	500
	UNDER	75200

寄り付き前の印

寄り付き前の板が、前営業日に比べて高いか低いかにより、株価の動きが読める。

NY市場の動きからの判断によるのです。もっと上げていいのに、気配値が低ければ買うし、あまりにも強ければ「寄り付き天井」の可能性があるので、様子見になります。

様々な投資スタンスの人がいるのです。株価が「強い・弱い」の背景にはひと言では言えない無数の要因があります。

これを午前の気配として表示することで、「前」の印が付きます。投資家はこの気配値で「前準備」をすることが可能になるのです。この午前の寄り付き前の気配値を知らずに、買い注文や売り注文を出すのは無謀です。

大切な投資資金ですから、十分にその日の相場の気配を察知しながら、慎重に売買したいものです。

2 「特」マークは「特別気配」だ

新興市場の板でよく見られるのが、「特」と書かれた「特別買い気配」「特別売り気配」のマークです。

これは最も近い時間に成立した株価に対して、売買の気配が著しく離れているときに、「もっと近くの株価で売買しなさい」という市場の催促です。

例に挙げた気配値は、株価がバラバラというか、連続していないうえに、買い気配も至近の売買成立株価に対して、制限の10円幅以上に離れています。

そこで、ぎりぎりの520円のところに「特」のマークを出して、520円に対しての売買を促し、株価の売買成立を目指しているのです。

小型の銘柄ではよく出るマークですが、大型でも、様々な材料の発表で、売買が片方向に傾き、買いが殺到する、売りが殺到するということは、よくあることなのです。

市場は売買に際しては、できるだけリスクを回避し、投資家へのリスクを少なくして、安

「特」マークは「特別気配」

売気配株数	気配値	買気配株数
1800	成行	
800	531	
	(530) ― 直近の約定株価	
	520	特　5100
	519	3200

1）ザラ場中の直近の約定値段が 530 円だった。
2）売りが 531 円で 800 株。
3）買いが 520 円で 5100 株、519 円で 3200 株。
4）新たに成り行き売り注文が 1800 株。

急激な「売り」「買い」に出る特別気配には要注意！
どちらか一方に偏った注文が出ると「特」マークが出て、
注文のバランスがとれるまで板は動かない。

心して売買ができるような環境整備に努力しています。

そのために、片方に偏った売買注文に対しては、すぐに特別気配を出して、時価とかけ離れた売買注文を避けるように促しているのです。

ある銘柄に対する評価や決算数字に対する考え方は、一つの方向ではなく、見方はいろいろありますので、板に対して、注意を促すことで、円滑な売買の実行を市場は目指しています。

投資家もできるだけ有利な売買を行ないたいという考え方はわかりますが、無理な注文を出しても成立は困難であることを理解しておかなければなりません。

3 特別気配が目指すものは「板寄せ方式」である

特別気配というのは、売買注文の株価と枚数がなかなか合致しないときに、「この株価の近く出さないと売買は成立しませんよ」とばかりに、売買の双方に対して、注文株価の変更を促すものです。

板に「特」マークが出た時点で、市場は「板寄せ方式」で、有利な人から売買成立にもっていきます。

これが「板寄せ方式」なのです。

その一番手は、「成り行きでの売買の注文」になります。成り行きの注文は、売買の価格は設定せず、「いくらでも良いから売りたい、買いたい」という条件なので、板寄せでは最優先されます。

「この銘柄だけは絶対に買っておきたい」という考えに立つならば、買えるかどうかわからない「指し値注文」を出すよりも、さして不利でもない株価の位置ならば、成り行きでの

「板寄せ」というのは

1）買いの場合――成り行き注文、約定値段より高い注文。
　売りの場合――安い指値注文を成立させる。

2）特別気配の後は、成立になる可能性が高い。

3）「特」をつけたら、投資家は「売り・買い」の株価を意識して、注文もそれに合わせる。

4）「特別気配」のときは成り行き注文を最優先。

買い注文を出すほうが賢明です。

板寄せで、成り行き注文の次に優先されるのが、特別気配を見て一番近い株価に注文を早く出した人です。

このように、売買成立に「協力」した人に対して、ご褒美で「成約」という結果を市場がもたらすのです。

投資家には、特定の銘柄に対する「こだわり」が、ありますので、特別気配が出ると、直ちに方針を変えて注文を出し直すことが一般的なので、大体は特別気配は消えて売買が続行されます。

板を見ながら売買をしているときは、特別気配が売りに出たのか、それとも、買いに出たのかに注目しましょう。

そこから、株価の方向が急変することが多いので、「特」マークは見逃せない板のマークなのです。

4 特別気配が出たときの値動きの制限を知ろう

ある銘柄の板の売買注文が離れていて、これを是正するための「特別気配」が出たときに、それぞれの株価水準で、いくらまでの株価の乖離に対して値幅を更新できるかは、市場から決められています。

ある企業の人気化や、悪材料などの売り浴びせで、売買の板はいくらの乖離《かいり》までなら売買が再開されるかを知っておきましょう。

一番低い株価で見ると、200円未満は5円で板が乖離すると、「板寄せ」のために「特」マークがついて、投資家に対して注文の株価を考え直すように促します。しかし、それでも株価の乖離が埋まらないときは、5円だけならば、移動して売買成立の措置がとられます。

もう少し高い1000円台の株価では、30円幅までならば、「特」マークはついても、しばらくして消えて、売買継続となります。

たとえば、株価が上げている最中に、たびたび「特」マークがつくようであれば、相当の

「特別気配」が出るときの値動き

直近の株価に対して	気配の更新値幅を超えるとき
200円未満	5円
200円以上500円未満	8円
500円以上700円未満	10円
700円以上1000円未満	15円
1000円以上1500円未満	30円
1500円以上2000円未満	40円
2000円以上3000円未満	50円
3000円以上5000円未満	70円
～	～
最高は、5000万円以上	100万円

勢いでこの銘柄が買い上げられ、上げても上げても買いが勝ってくる急上昇の株価の動きを読むことができます。

とくに、板の動きが激しく、売買が目まぐるしく行なわれているような「忙しい」板では、やがては「ストップ高」まで駆け上がる可能性があります。

もし、このような板が見られたときは、指し値の買いで有利にしようなどという方法では有望株をゲットすることはできません。

逆に、下降トレンドで下げているときに、「特」マークが出たときは、急降下の可能性があります。その銘柄に対しては、売りが殺到していることを知らなければなりません。

5 魅力のストップ高は「S」マークや「特」マーク

株式投資をしている人にとってこたえられないのは、手持ちの銘柄が人気化してストップ高をつけることです。

とくに、新興市場の銘柄は発行株数も浮動株も少ないので、人気化の材料が出ると、たちまちのうちに買いが集中して、「ストップ高、買い気配」となる可能性が高いのです。ストップ高のときのマークは「S」とか、「特」がつきますが、「特」のマークが多いようです。

ある銘柄に大きな材料が出て、ひとたびストップ高になると「やれやれの売り」も出ますが、人気に乗ろうと、買い増しや成り行きでの「比例半分狙いの買い」も湧き出してきます。

ストップ高でも最高値に集まる注文の数量で、「剥がれてしまう」か「比例配分となる」かの分かれ道になります。

比例配分が幾日も続いてなかなか買えないときは、比例配分で買った人にしてみれば、翌日のストップ高で売れて利益が出るのでラッキーとなります。

ストップ高(安)のときのマーク

株式の売買注文が一方向に偏ると、株価は異常な急騰（急落）をするので、板にはそれが表示される。

＜ストップ高では＞

売気配株数	気配値	買気配株数
	成行	407300
	OVER	
	874	S　306400
	873	100
	870	100
	867	600
	865	100
	863	300

ストップ高（→ S）

上図のように、値幅制限いっぱいに上昇すると、「買い」が大量になり、「売り」がゼロになるので、売り待ちとなる。
マークは「S」「特」など、証券会社により異なる。

同じストップ高でも、買いに対して売りもそこそこあり、時には張り付いた株価が下がり、再び上値を狙うが、結構売りも多い――この場合には仕掛けていた筋が逃げてしまうことにもなりますので、深追いは禁物です。

ただ、ストップ高の次はストップ安になる可能性が高いのが、小型株、新興市場の銘柄の株価の特徴です。

ストップ高を演じていた筋が逃げると、あとは利益確定、損切りのラッシュとなりますので、いつまでもその銘柄に固執することは損害を増やすので、用心しなければなりません。

6

怖い怖いストップ安の「S」マーク

株の取引は、大半は「買い」から入ります。それで、買ったときの株価に対していくら上がったのか。これが楽しみであり、リスクをとっても投資をする所以でもあります。

にもかかわらず、何かのニュースで株価が急落するのは気分的に良くないことです。とくに、ストップ安というのは「底なし沼」のようなもので、手持ちの株の評価損はどんどん膨らんでいきます。

株式投資では、ストップ高というこたえられない面白味もありますが、地獄のストップ安もあるのです。

もちろん、信用でのカラ売りを仕掛ける人にとってはこれもこたえられないものです。

ストップ安は、値幅いっぱいまで下落する板が見られます。この板が出てくると、「早く売らなければ」という弱気筋が増えてきて、次から次へと「売り玉」が湧いてきます。

当然ながら、売買成立は「板寄せ」の方法で比例配分になります。比例配分ということは、

ストップ安のときの板とマークは

売気配株数	気配値	買気配株数
	成行	
215300	OVER	
2000	439	
1600	438	買いはない
300	437	
1200	436	
700	434	
118200 S	433	
	UNDER	-

急激な株価の下落は、投資家に大きなリスクをもたらすので、「これ以下では売買は成立しない」というマーク「S」が表示される。

注文をたくさん出した人に多く配分される可能性があるために、それを狙って注文の枚数を増やす傾向が強くなるので、成り行きなどの売り玉が増えるのです。

同じストップ安でも、張り付き方が強烈なものと、さほどの売り玉がなくて、時には、「ストップ安剥がれ」もあるようなものは、剥がれた後に、急騰の可能性もあるので、油断は禁物です。

板の動きを監視していく必要があります。

株価の動向は、様々な相場環境に加えて、投機筋の狙いにより、上下に振らされることもあります。

ストップ安の板にも、「見せ球」は当然ありますから、この注文の動向も注意して見ておかなければなりません。

7 「注」のマークである「注意喚起」も時に出る

株式の売買に板は欠かせません。その板で特定の銘柄のすべての取引が行なわれるからです。

市場では、様々な方向からの注文を忠実に板に表示させて、参加する投資家に不利益や不便がないように努力します。

その努力の証の一つが、注文の株価が大きく離れたときに、「あまりにも離れた注文はだめですよ」「もう少し直前の約定株価の近くで注文を出してほしい」――このような意図から「注意喚起」をします。

その信号が板に「注」の文字で出るのです。

このサインを板で見たときには、投資家はそのサインを活かして、売買可能な株価に注文を出すことが必要になります。

これを無視して、自分の考えだけで独断で注文を出しても、成約の可能性は低いでしょう。

注意喚起のマークが出るときは

売気配株数	気配値	買気配株数
200	1943	
100	1900	
100	1863	
100	1734	
	1624	注 100
	1600	100
	1590	300
	1563	200
	1523	100

1734円から大きく値が飛ぶと「注」が出る

直前の「約定値段」から一定以上離れた価格での注文がでたときに、「注意喚起」で「注」のマークが表示され、直前の約定値段に近い注文が出るのを待ちます。

もちろん、株価は変動しているし、どこまで上がるか、どこまで下がるかは誰も読めないので、適当な株価のところに、買いなり売りの注文を出すのも悪いことではありません。

一番良くないのは、明確な方針もなく、やみくもに「買いを入れる」ことです。

株式投資では、間違った入り方をすると、出口がなかなか見えなくなります。

その銘柄の値動きの特徴として、少なくとも今日のうちには「これくらいは動くだろう」という目算があれば、「反対売買」による利益確定の計画を立てて、その日のうちに手仕舞いして、次の投資に向かうのが賢明と言えます。

8 株価変動には1日の値幅制限がある

株式売買で「ストップ高」「ストップ安」があるのは、なぜでしょうか。

その値幅に対して、ストップをかけているのは、実は証券取引所なのです。

なぜかと言えば、証券取引所では、できるだけリスクを避けて公平に取引をしてもらい、自由経済の象徴としての株式市場の存在感を増したいと考えているからです。

投資家は、お金を株式に投資することで、インカムゲイン（配当金）、優待券、株価変動によるキャピタルゲイン（売買差益）を得ます。一方、企業は投資家から得た資金を元にして、様々な企業活動に力を注ぎます。

できることならば、今期よりは来期、来期よりは来々期というように、業績を伸ばして株価を上げ、配当を増やして、投資家も企業自体もメリットを得たいと考えるのです。

お金が順調に回ることが市場の健全化や自由経済の繁栄につながります。

そこで、市場は信用されなければなりません。それが株式の円滑な取引です。

株価変動の「値幅制限」とは

値幅制限（上下）

100円未満	30円
100円以上〜200円未満	50円
200円以上〜500円未満	80円
500円以上〜700円未満	100円
700円以上〜1000円未満	150円
1000円以上〜1500円未満	300円
1500円以上〜2000円未満	400円
2000円以上〜3000円未満	500円
3000円以上〜5000円未満	700円　など

板の動きに大きく関係する株価変動の「値幅制限」をしっかり抑えておこう！

株式の売買では、あまりにもリスキーであってはなりません。激しい上下変動があるにしても、あらかじめ定められた妥当な範囲での動きであることが望ましいのです。

そこで設けられたのが、株価の水準ごとの「値幅制限」です。「この水準の銘柄は上下ここまでにしよう」というルールです。

たとえば、１０００円台の株価の１日の変動は、上げで３００円、下げでも３００円というような決まりです。

この水準まで来ると「ストップ」がかかり、「ストップ高」「ストップ安」となり、その日はそれ以上の値幅の取引はできません。

市場はパニックにもなりやすく、ストップによって冷静な取引が可能になります。

MAXIM 人の商い、うらやむべからず

投資をしていて、自分が持っていない銘柄がすごい勢いで上がるのを見ると、「失敗した、あの銘柄を買えばよかった」という気持ちに陥りやすいものです。

しかし、それは間違いです。焦って持たない銘柄に目を移して資金を投じたときは、すでに高値圏で、買ってもすぐに調整に入るものです。

そのときに、自分が持っていた銘柄が動いたりしたら、「ああ、失敗した」というやるせない気持ちになり、「モグラ叩き」の過ちを起こしてしまいます。

そうではなく、いったん買った銘柄は、いかに動きが鈍くても、そのときが来れば動くはずなので、ほかの銘柄の動きには冷静な目で対応しなければなりません。

東京市場の株価の動きを見ますと、輸出関連銘柄と内需関連銘柄は交互に動く傾向があります。

自分が買った銘柄は、どの関連なのか、しっかりと把握して、動きに対して冷静になり、成果が表れるまではじっと待つだけの余裕と冷静さがなければならないのです。

自分の決めた銘柄は、あくまでも予想の通りに動くはずで、他人やほかの関連銘柄が動いても、うらやましい気持ちになってはいけないのです。

できれば、微動だにしない自信と見通しを持つことが、やがては果実を手にできる投資のスタンスなのです。

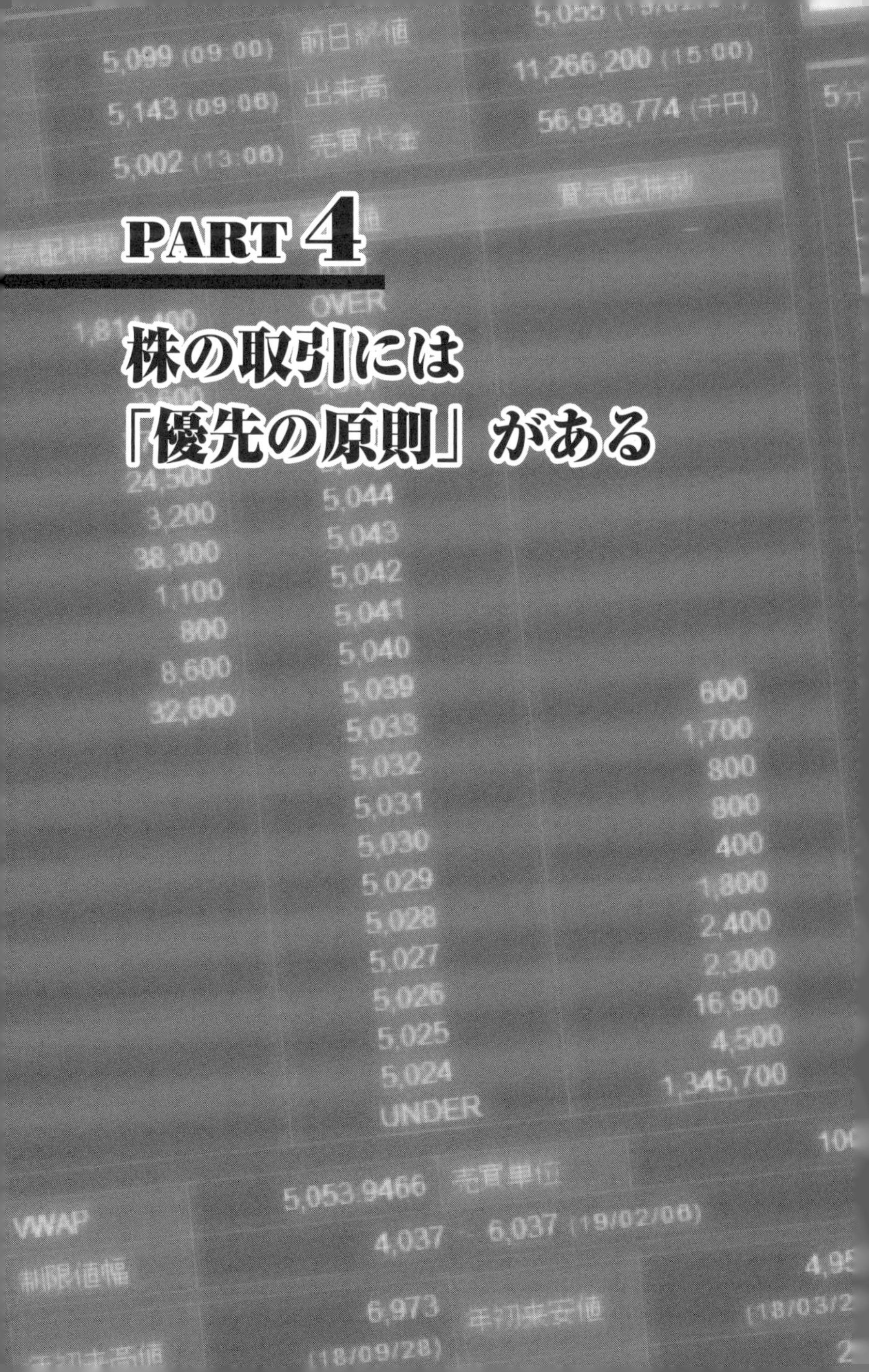

PART 4

株の取引には「優先の原則」がある

1 「優先の原則」はアマにもプロにも平等だ

株式の売買では、一定の取引上の取り決めがあります。

いくらの値段でも、気が向けば成立するとか、順番に関係なく売買が成立するとなれば、それは「無法地帯」とも言える市場で、信用のおけるものではなく、大金を預けて取引を行なう公正な市場とは言えません。

できるだけ多くの投資家、それも国境に関係なく世界中から、信用を元にして、活発に取引されるのが、株式市場のあるべき姿です。

東京証券取引所には、ほかの海外の市場、たとえば、NY市場、ロンドン、フランクフルト、上海、ムンバイなどに伍して、世界的な規模で投資資金が集まります。

東京市場では、株式の売買比率を見ると、6割が外資です。先物取引になれば、7割が外資で、完全に外資が相場をリードしています。

裏を返せば、外国籍の投資家が東京証券取引所を通じて資金を動かしています。信用の証

「優先の原則」はアマにもプロにも平等

株の取引には数多くの注文が市場に集まる。
対象――すべての取引を対象にする
証券会社でも、個人投資家でも平等

●価格優先の原則　買いでも、売りでも、条件の良い人の注文が優先されて取引される。

●時間優先の原則　同値であれば、1秒でも先に注文した人の取引が優先される。

と言えるでしょう。

市場では、「ある銘柄についての売買」は、

①価格優先
②時間優先

この二つの原則をもとに、取引の整理を行なっているのです。

これは市場に参加している人であれば、何人も平等で、同じチャンスが与えられています。

ルール上は、個人投資家でも機関投資家でも、この2大原則に変わりはありません。

もちろん、板情報をしっかり見られるかどうかというような、情報入手の環境には格差があるかもしれませんが、基本的に誰でも情報や売買成立の仕組みは平等なのです。

2 「価格優先の原則」で有利な売買はどうするか

市場では、いかなる銘柄でも、そのとき成約している株価に近い価格の注文から成約していきます。

たとえば、ある銘柄の株価が3590円だとして、そのときに出した買い注文は3590円か、3600円で成立します。

3600円の注文が一番手、二番手が3590円の注文となります。

にもかかわらず、「うちは大手だから」ということで、3580円で大量に注文を出しても、3590円の注文には勝てません。

国内だから、外資だから、というものもありません。国内で株式の売買の資格を持った会社を通すならば、売り手にとって一番条件の良い買い手に売却されます。

会社が大きいとか、国籍がどこかというのは、今の自由経済の中では何の関係もなく、機械的に成約していくのです。

「価格優先」の原則では
有利な取引が成立するわけではない

1）買いでは、その時点で、一番高く注文を出したり、成り行き注文を出した人の買いが成立する。

2）株価の動向はわからないが、売買を成立させるためには、常に「成り行き」の注文が優先される。

3）株価の動きから大きく離れた有利な価格で取引できる保証はない。

4）「価格優先」がないと、注文の株価が取引株価と離れてしまう。

これは板情報を見ていれば、簡単明瞭にわかることです。

この原理を知って売買するならば、株価は上にも下にも振れる可能性がありますので、資金がある限り、株価が下に行くほどたくさんの株式が買えるように注文を出しておくことで、平均単価が低くなり、結果的に利益の出る株価に到達しや少なります。

ですから、一点買いで、まとめて買うよりは、下値に注文を這わせておくことで、株価が下に垂れてきたときに、価格優先の網にかかる可能性があるのです。

これは、価格優先の決まりをうまく活用した、指し値の出し方であり、仕込みのコツになるのです。

3 「時間優先の原則」は早く出した者勝ち

何事も「早くやったほうが勝ち」というのは世間一般の法則ですが、株の世界も変わりません。同じ値段の買いならば、1秒でも、もっと早くてもなおさらのこと、「早い者勝ち」なのです。

そのために、同じ板の同じ価格帯に、万単位の買い注文がある場合に、あなたが注文した「買い」は、そのあとに並ぶことになります。

もし、あなたの前に並ぶ買いの板がすべて成約して、いざ、あなたの番になったら、その株価の売りは消えてしまい、もう少し高くないと買えないということになります。

時間優先というのは、並んだ者勝ちですから、どうしても買いたいときは、並んでいる列が少ないか、たとえば2円だけ高く買うことにして、条件は悪いが確実に買える注文を出すことも大切です。

買いだけではなく、売りも同じで、一番高く売りたいのはわかりますが、あなたの売りた

売買には「早い者勝ち」の法則がある

同じ「5000円」への注文にも、

●「買い」は、　5000円の買いを一番早く出した人から成立する。

●「売り」は、　5000円の売りを一番早く出した人から成立する。

い価格が条件が良くても、あなたの前に何千株もの売りがあれば、うまく希望通りに売れるとは限らないのです。

これも、売買の動きの中で、たまたま、あなたの直前で、「ラーメンの売り切れ」のように、価格帯が変わったら、あなたはやはり売れません。

ただ、どうしてもその株価で買わなければならないとは限りません。株価のトレンドを見ながら、差益の取りやすい株価を判断して冷静に注文することが大切です。

もちろん、売り気配・買い気配の株数を見てのうえですが、急変しない株であれば、即座に成立する「成り行き」を選択します。

4 板の動きを見て、成約可能な注文を見る

板は何のためにあり、どのように活用するのが賢明なのかは、板そのものの動きを見ていればわかります。

図のように、3170円の「売り板」があるときは、買いでは3170円で出せば、瞬時に成約します。

ただし、3170円の売り板が薄いときは、時間優先の法則や成り行き買いの人にさらわれるかもしれません。

そこで、板では、どのように成約しているのか、板は株価の安いほうに動いているのか、上がる方向にあるのか、これを見なければなりません。

その方向により、あわてなくても、もっと安い株価で仕込める可能性があります。その場合には、適度に下値に指し値の注文を出して、株価が落ちてくるのを待つのが賢明です。

板を見ていて、ガンガンと下値が買われて、「上値追い」の状況のときは、なかなか割安

売買成立の可否を考える

売気配株数	気配値	買気配株数
29600	3185	
48800	3180	
39300	3175	
22800	3170	
	3165	35500
	3160	53300
	3155	50100
	3150	42200

1）「3170円」に買い注文を出せば、即時に成立する。
2）「3165円」に売り注文を出せば、即時に成立する。

には買えないものです。その株をどうしても買いたいときは、「指し値」から、「成り行き」に切り替えて、買うのも一つの方法です。

しかし、上げているからと言って、あわてて高値で買えば、一気に「利益確定の嵐」にやられて、自分が買った株価がとんでもない高いところになり、「高値掴み」になりかねないときもあります。

市場には、3600以上の銘柄がありますので、高値追いの危ない銘柄ではなく、たまたま調整しているが、業績は良くて人気もあるような可能性を秘めた銘柄を仕込んで、チャンスを待つほうが賢明です。

どの銘柄を手掛けるにしても、板を見ないでやみくもに注文するのは無謀です。

ここに、板情報の利用価値があります。

5 板を大きく動かす「成り行き買い」の様子を掴め

整然とした「板情報」を見ると、その板が「厚い」とか「薄い」などの様子はわかります。また、株価が上に向かっているのか、それとも、売りがどんどんわいてきて、下げている最中なのかもわかります。

しかし、板のどこにも出てこないのが、取引が行なわれている最中の「成り行き注文」です。前場寄り付き前とか、後場の寄り付き前の気配値には「成り行き買いや売り」の注文が出ています。これで売買のバランスもわかりますので、その銘柄の株価の方向性もある程度はわかります。

下げとか、上げとか、一つの方向に株価が動いているときは、成り行きのほうの動きもわかります。

しかし、「持ち合い」といって、上げたり下げたりしながら、ジグザグに動いているときは、成り行き注文が株価を動かしていることだけはわかっても、どの時点で株価を動かしている

注文成立を事例で考える

株価が、2890円のとき、

●「買い」では　注文　2900円で即時成立
注文　2890円で一番手が成立
注文　2890円で二番手が成立
※ここで、「成り行き買い」が入り、
株価が2920円になれば、
注文　2890円の三番手は成立せず、2920円に注文を出し直さなければならない

かは、なかなか読めないものです。

それでも、板をよく見ていると、ある株価に近くなると、大口の売りがどっと出てきて、成約し、株価が急降下します。

これは、成り行きの注文のいたずらであり、チャートも板も劇的に動きます。

上昇の近辺でも同じことがあり、上げ始めると、我先の「成り行き買い」が湧いてきます。これは、付和雷同の動きと言えます。

投資家の心理的な投資行動のなせる業と言えるでしょう。

そこで、このような「上げ下げ」を繰り返す銘柄は、下げで買い、上げで売る、という単純な手法で利益を上げるのが賢明ではないかと考えます。

MAXIM 噂で買って、事実で売る

大きな材料が出たときに、「これは買いだ」ということで、飛びつき買いをしたら、そこが高値で翌日から下がるというのはままあることです。

インフルインザ治療薬「ゾフルーザ」の開発成功・承認が発表されたとき、これは従来薬に比べて、なんと一回の服用で治療できるという画期的なものですが、塩野義製薬の株価は、そこから高値を追うことはありませんでした。

そうなのです。たとえ大きな材料でも「知ったらお仕舞い」で、そのあとの高値はないのが株価の動きの特徴です。

なぜ、こうなるのか。

新薬成功の情報は「早耳筋」にはすでに知れ渡り、その人たちにとっては、画期的な発表は利益確定のタイミングだからです。

そのあとに、さらなる材料の発表はなく、そのタイミングが高値の限界になるのです。

「噂」が買い時で、それが事実になったときは売り時になるのです。株で損をする人は皆、事実で飛びつき、高値掴みをしているのです。

「すごい材料が明らかになった」、このタイミングでは、買いたい気持ちはわかりますが、一呼吸置きましょう。様子を見て、その日に「寄り付き天井」になったら、相場は終わりです。

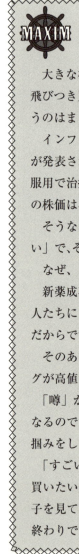

PART 5

「歩み値」を見て、板の変化を読む

1 小型株の歩み値に見られる特徴

小型の銘柄の板情報の歩み値を見ると、「スカスカ」の状態であることがわかります。板がスカスカであれば、成約の株価も連続してはいないので、「とびとびの約定」となります。

このような板には、まず大口の投資家は集まりません。

なぜならば、口数の多い商いがないので、ロットで勝負するファンドや機関投資家には向いていないからです。

そうなると、小型の株で、スカスカの板には、個人投資家しか参入しません。

このような板では、株価がどのような方向に行くのかは、板だけでは皆目わかりません。

そこで必要なことは、

①業績はどうか

②チャートで見るトレンドはどうか

小口の売買に見られる歩み値

時刻	歩み値	約定出来高
9：09	1705	100
9：09	1706	200
9：09	1706	300
9：09	1711	200
9：06	1713	200
9：00	1729	1100

朝の寄り付き直後の歩み値に売買数量の少なさが現れる。
1）寄り付きは、1100株が高値で成立する。
2）しかし、次には買い気配が弱く、6分後に寄り付きより16円安い1713円で200株成立。
3）その後に、株価は1705円まで下がり、この時点での買い意欲に欠ける様相がわかる。

③特段、魅力の材料はあるか
④ＩＴ、ＩＯＴ、バイオなど、時代の先端を行く事業はしているか

このような点でのリサーチが必要になります。

そのうえで、何か、「光るもの」があれば、市場では、とくに「材料株」として買い上がり、人気化、商い急増の可能性があるので、仕掛けるのもよいでしょう。

しかし、小型の銘柄で行くのであれば、少なくとも「気配値」「約定値」が連続していたほうがトレードはしやすいと言えます。

朝一の出来高が比較的多くても、「寄り付き天井」の株価になったのでは、投資妙味がありません。

2 大型の銘柄でも薄商いの歩み値は

大型の銘柄は資本金が大きく、発行株数も浮動株数も当然ながら多いわけで、板でも歩み値はそれなりに賑やかと考えるのは当たり前かもしれません。

しかし、大きな会社がすべて活発に売買されているわけではありません。

すでに述べたように、東京市場に入ってきている投資資金は全体では限られています。投資家たちは、「今日はこの銘柄に投資しよう」「明日はこれに」というように、効率的な資金の運用を心掛けています。

ある日はソフトバンクＧ（９９８４）やファーストリテイリング（９９８３）に資金が集まるときもあれば、トヨタ（７２０３）、武田薬品工業（４５０２）に資金が集まるときもあります。今日は「内需関連銘柄」、明日は「輸出関連銘柄」、その次は、というように、資金の集まり方は違います。

ある機関投資家が狙いを定めれば、ほかの投資家も便乗します。毎日のように動く銘柄は

大型株でもテーマ的に不人気なら……

ある日のトヨタ（7203）の歩み値

時刻	歩み値	約定出来高
11:29	6089	100
11:29	6090	100
11:29	6092	100
11:29	6090	100
11:29	6091	200
11:29	6096	100
11:29	6093	200
11:29	6091	100

1）100株単位の売買はほとんど個人投資家が中心であり、株価変動幅は少ない。
2）この歩み値に参加しても、目先の利益はとりにくい。

めまぐるしく、コロコロと変わるのです。

そのために、ここに挙げたトヨタでも、売買の枚数が１００株単位と極めて少なく、まるで新興市場の小型の銘柄と勘違いする「歩み値」になっています。

ただ、歩み値が似ていても、同じ時間帯の中で１００株の成約が多いというだけで、新興市場のようにバラバラで成約するのとは違います。

大型の銘柄は、資本金が大きいので、成り行きでの注文を個人投資家が出しても、さして大きな株価の変動にはならないのです。

このように、歩み値にも、様々なものがあり、売買の仕方も変わるということを心得ておくことが大切なのです。

3 大型株の歩み値には投資家の意図が現れる

一般的に、大型の優良銘柄は、そこそこの投資資金が集まります。

たとえ薄い商いであっても、株価が底値近辺のときは、「ここで仕込んでおこう」という意図からの買いがあるのです。大型の銘柄は大型なりの存在感と信用がありますので、投資価値があり、資金が集まってくるのです。

活況のときは、明らかに大口の資金がとめどもなく集まり、板にそれが反映されます。

それは当たり前のことですが、大型の銘柄には、たとえ閑散なときでも、株価の位置により、ある程度のまとまった買いが見られます。

100株、200株は明らかに個人の小口の買いですが、1000株、1500株ともなれば、法人、ファンドの買いであることがわかるのです。

大切なのは、人気化した銘柄にばかり注目するのではなく、人気化していない時点で、ひそかに仕込んでおくという投資スタンスです。

大型株に見られる打診買いの歩み値

底値近辺にあるトヨタ（7203）の歩み値

時刻	歩み値	約定出来高
11:29	6715	500
11:29	6715	100
11:29	6716	100
11:29	6715	200
11:29	6716	1200
11:29	6715	100
11:29	6715	100

歩み値での約定出来高は、100 株、200 株が多く閑散ではあるが、大口の仕込みの「買い約定」も見られる。

もちろん、これは目先の売買ではなく、ある程度、中長期の投資になりますが、歩み値の中に、大口の動きや狙いを感じて確かな投資をして、人気化し、吹き上がったときに利益確定する方法も悪くはないのです。

板情報では、すべての売買の足跡が残りますので、嘘はつけません。

ましてや、歩み値は、リアルタイムの売買の様子が克明に現れますので、相場の様相を確かに感じ取れるメリットがあるのです。

大口の仕込みが底値近辺で行なわれるときは、上値を買うのではなく、指し値で「落ちたら買い」の動きが見られますので、よく見ているとわかることです。

4 人気化した銘柄の歩み値の特徴はこうだ

株価は市場の人気度で大きく変化します。

別に、使い古されたものであっても、新聞記事や証券会社の目標株価の変更など、どのようなものであれ、材料が出れば資金が集まります。

株価が動き、資金が集まれば、それ自体が材料になりますので、アルゴリズムなどのコンピュータ売買の対象になり、歩み値には、100株単位ではなく、1000株、2000株、3000株という明らかに「ロットで稼ぐ」資金が集まってきます。

この板では、値動きも激しく、上下動もあるので、目先の売買で、わずかでも差益をとるチャンスはあります。

材料を持ち、そこそこ業績の良い銘柄は、ある期間を置いて人気化のサイクルを描きますので、「注目銘柄」として常に監視しておくことがベターと言えます。

何の準備もなく漫然と板を見ていても、即行動の投資はできません。いくつかの選択肢を

人気銘柄の歩み値

全体の相場が弱い中で人気化した東海カーボンの歩み値

時刻	歩み値	約定出来高
09:05	1515	1000
09:05	1513	400
09:05	1513	3100
09:05	1514	2400
09:05	1513	1000
09:05	1514	1000
09:05	1512	900
09:05	1513	2100

1）材料株のこの銘柄は人気化して、大口の注文が集中していて活況である。
2）デイトレでも利が取りやすい。

持ち、人気化の動きを監視しておくことで、板に変化が現れた時点で、素早く察知し、投資の行動がとれるのです。

ファンドなどの株の動かし方、操作の仕方は、いくつかの材料群をあらかじめ決めておき、順番に動かし、差益をとります。

株価の変動は自然発生的なものではなく、ある程度、意図的にもたらされたものと言えます。

株価は動かされるのではなく、動かしているのです。

個人投資家にはそれはできませんが、大口のファンドなどは動かせるので、意図的な操作で株価を動かし、付和雷同の資金を活用して差益を得ることができるのです。

5 寄り付きからのストップ高には歩み値がない

「歩み値」というのは、どの銘柄にも、いつでもあるわけではありません。当たり前ですが、朝一番に寄り付き、株価の変動がなければ記録されません。

ここに挙げた板のように、朝一番から「ストップ高」の板は、ある程度の売り物はあっても、買いが倍以上あるので、なかなか寄り付きません。ただ、この板を見て「早く買わなければ」とばかりに、あわてて買いを入れるのは、どうなんでしょうか？

ストップ高を何日も続ける銘柄はいくらでもありますが、中には、一日だけであり、あとは下げてしまうものもあります。

株価の成り行きは、人気化した材料により、どこまで上がるかが違います。

その会社にとって、途轍《とてつ》もない材料が出れば、業績に与える影響が半端ではなく、買いが殺到して、なかなか普通の取引にはならず、何日もストップ高を続けます。

この銘柄では、時間優先、価格優先の法則を活用して、「成り行き買い」で、チャンスを

歩み値なしのストップ高

歩み値

<空欄>

売気配株数	気配値	買気配株数
135000	成行	15728600
825300	462	
	462	特 16130300
	461	14700
	460	900
	459	100
	458	2600
	455	1500

「歩み値」がないというのは、朝の寄り付き前に大きな材料が出て、売買不成立の「ストップ高」になったまま、取引に入ったときに起きた。

待つのが賢明です。

それに対して、明確なニュースがないにもかかわらず、急な買いで「付和雷同」的に、ストップ高をつけた銘柄は、意図的な株価操作であり、「飛びつき買い」を狙った動きですから、様子見が賢明です。午前中に寄り付かなくても、大引けには比例配分で株価はつきます。

問題は、比例配分の後でどれだけの「買い玉」が残ったかです。中には、ストップ高で値がついたときに利益確定の売りが出てきて下押す例も少なくありません。もちろん、これも意図的で、剥がしては張り付かせの「陽動作戦」もあります。

新興市場の株価の動きや売買のバランスは、意図的な操作がしやすいので、騙されないようにしたいものです。

6 急騰している銘柄では歩み値で取引の裏を探ろう

株価が朝から急騰して、今にも「ストップ高」になりそうなすさまじい勢いの銘柄がよくありますが、その銘柄が今後、どこまで勢いを継続して、上値を追うかは、歩み値の中から探ることができます。

本格的な上値追いの銘柄の特徴は、厚い出来高を伴って上げていきます。なぜならば、上げる材料が信用できて、企業業績へのインパクトが大きいものであれば、複数の買い手が板に現れるのが一般的だからです。それだけ、材料の信ぴょう性があるからです。材料の価値をある程度織り込むまで、株価の上昇は続くはずです。

株価の変動というのは、そういうものです。

ところが、上げはすごくても、歩み値に出てくる「約定枚数」は、100とか300というのは、いかにも弱弱しく、信用できる上げではありません。

歩み値で取引主体がわかる

業績好調の発表で、この日急上昇しているクエスト（2332）だが、歩み値に大口は見られない。

時刻	歩み値	約定出来高
13:38	1201	100
13:36	1200	100
13:36	1200	400
13:36	1200	400
13:35	1202	100
13:34	1205	100
13:31	1205	100

この日、200 円以上急騰している新薬の人気株だが、約定出来高を見ると、株数が少なく、個人のババ抜きであることがわかる。

薄商い、少ない売りの間隙を縫い、わずかな売りを飲み込んで、株価を釣り上げて、注目を集めたいとの意図がありありなのです。

この銘柄の板や歩み値は、様子見が正解です。

うっかり、高値での買いを入れると、たちまちのうちに「利益確定の売り」が出てきて、株価は「元の木阿弥」になる可能性があります。

歩み値には、株価を意図的に動かして、その変動幅で利益を得ようとの意図が垣間見えます。

この意図を見抜いて、賢い売買を行なうことが大切であり、負けないトレードになるのです。

7 株価の低い大型株の変動は小幅で稼ぐ

株式投資で大きな変動幅を狙うには、上げでも下げでも、チャンスはいくらでもあると言えます。

ただ、その変動幅も、仕込んだ株価により、ノーチャンスにもなりかねません。買ったとたんに急落したら、損切の決断ともなるからです。もちろん、運のよい位置で急騰すれば、利益確定で果実をものにできます。

ただ、確率はそれほど、高いわけではありません。

それに比べて、低位の大型株は値動きは少ないが、小刻みに動きます。できるだけ買い値を低くすることにより、含み益を出せる体制でのトレードができやすいのです。

大きくは稼げないが、確率的に損は少なく、儲けもそこそこにというやり方で、小刻みに利益を積み重ねる方法です。

機関投資家や証券会社筋のコンピュータ売買の手口にも、歩み値を見ていると、目立った

低位材料株は1円抜きの歩み値

格安スマホで一時大人気だった日本通信（9424）は
1円抜きの相場になっている。

時刻	歩み値	約定出来高
13:39	118	1000
13:39	119	1000
13:37	118	100
13:37	118	3200
13:37	118	17500
13:37	118	5200
13:37	118	26200

きわめて多い出来高（17500、26200）

完全にアルゴリズムの自動売買の気配が濃く、個人は入りづらい。

売買の玉が出てきます。小刻みに振れる値動きをうまく活用して、できるだけ下がってきたところを狙い、売買を繰り返して、手数で稼ぐ――これには低位で、そこそこの出来高がある銘柄なら美味しいと言えます。

大口の売買の手口は、歩み値に明確に出ますので、どこで買いを入れて、どこで利益確定を行なったかがわかります。

もちろん、歩み値をすばやく読み切る技を身につけないと上手なトレードはできません。

チカチカする歩み値を読めるだけの訓練をバーチャルでも良いから身につけたいところです。

8 大引けに大量に買われる株の歩み値は翌営業日に注目だ

大引け間際の歩み値は、翌日の相場付きを暗示するという意味で、注目しておきたいものです。

大引けでは、その日の商いを「手仕舞いしたい」というデイトレーダーもいれば、逆にオーバーナイトを覚悟で買いを入れる動きもあります。

様々な動きをして、その日の相場が終わりますが、その終わりの板にも、一定の相場の先行きを狙う動きが隠されている可能性がありますので、注目することが大切です。

翌日の相場がどうなるかは、余程の材料がないと読めないにもかかわらず、大引けで多めに買うということは、次のことが推測できます。

①まだ、表面化していない材料を手に入れたので、翌日の寄り付きの株価の変動を予測して買いを入れた。

②引けで買えば、その日の終値なので、直ちに評価損にはならない。

引け値にかけての急騰は、出来高増の歩み値

引けの動きが翌営業日の相場を暗示します。
材料株のサン電子（6736）は時に急騰・急落するチャンスの多い銘柄です。

時刻	歩み値	約定出来高
15:00	777	9600
14:59	776	2500
14:59	776	800
14:59	774	200
14:59	775	200
14:59	775	100
14:58	775	200

出来高急増

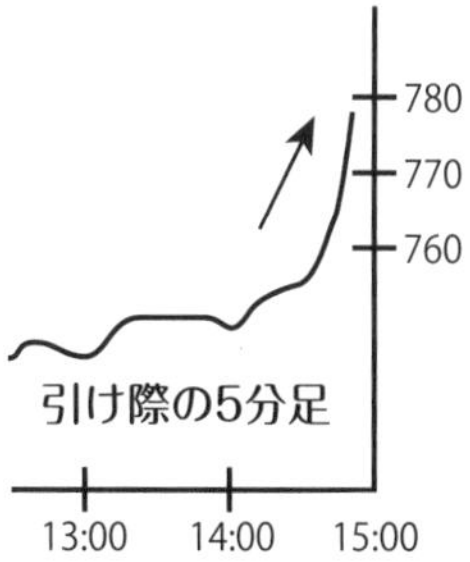

③この銘柄を次の相場にしたいので買いを入れた。

などなど。

引け間際の歩み値には、銘柄により、様々な強気、弱気の動きが垣間見られるのです、その大引けの動きの中に、明日からの相場の流れを読んで、翌日のトレードの準備をするのも、賢明なことかもしれません。

相場は、早く準備して動くか、動く用意をしたほうが、圧倒的に優位に立てるはずです。

歩み値のわずかの変化でも、そこには、大きな株価変動の材料が隠されているかもしれないのです。

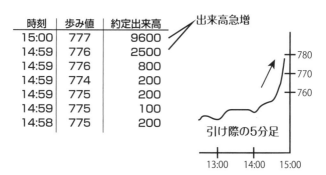

9 仕手系の人気銘柄は終値の動きに宝が

大型の銘柄でも、インバウンド関連やＩｏＴ関連、バイオ関連など、将来の利益を期待する銘柄には、買いもたくさん入るが、「そこまで上げるのはおかしい」とばかりに、「カラ売り」も増えてきて、信用の取り組みも拮抗し、うま味のあるバランスになります。

たとえば、インバウンド関連の代表である資生堂（４９１１）は、中国関連の一面を持ちます。

アメリカと中国の間の貿易をめぐる紛争に巻き込まれやすく、株価も強弱対立するので、「売り」「買い」ともに、綱引きのように信用での攻防が盛んです。

しかし、実際はどうかと言えば、資生堂の中国向けの業績は極めて好調であり、不安は必要なさそうです。

それでも、米国の対応は不安材料とはなるので、弱気筋とも言える「カラ売り」が一向に減りません。

商い薄でもジリ高の歩み値

14時近くから大口が見えてきた資生堂（4911）の歩み値

時刻	歩み値	約定出来高
14:00	6100	600
14:00	6099	400
14:00	6098	100
13:59	6097	100
13:59	6096	500
13:59	6097	1060
13:58	6096	300

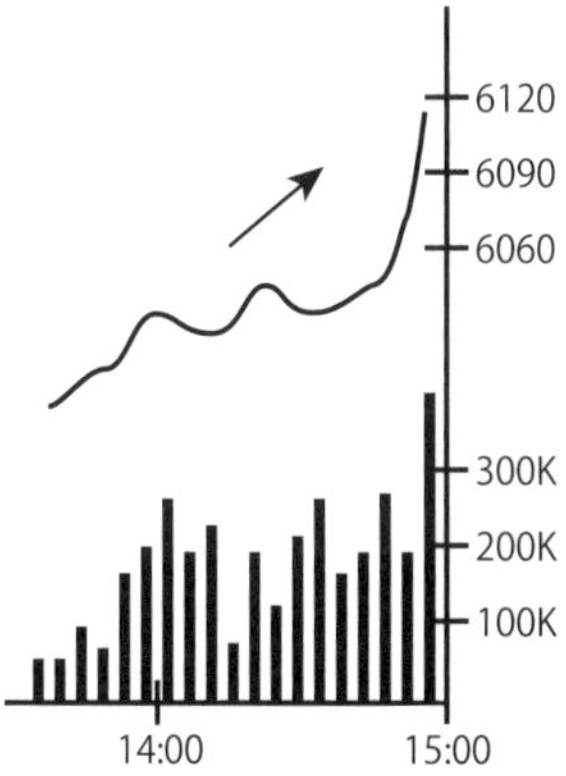

この力関係の拮抗は株価変動に、よりダイナミズムをもたらすので、様々な投資家が株価変動や強弱の綱引きに集まります。

株式の醍醐味や株価変動の源泉は「強弱感の対立」です。

これが、一方向のものであれば、商いは活発にならないのが普通であり、売りと買いの力関係が同等になるのが、歩み値も、相場も面白くなるのです。

もちろん、仕手筋は買っては売りの繰り返しで、たくみに株価を動かし、個人投資家などの参入を促して相場を作ります。

だからこそ、板の動きとチャートの動向を常に監視したいところなのです。

10 前場終値と後場の気配値との乖離を読み込もう

株価の動きには、一定の流れがあります。

まず、朝一番の相場は、間違いなく、多かれ少なかれ、NY市場の影響を極めて多く受けます。

たとえば、アップル、キャタピラの株価は指標としての意味合いもあるので、アップルの変動は、そのまま東京市場の関連銘柄への写真相場となります。

一方、キャタピラの相場は、中国関連なので、日本企業の中国関連銘柄に大きな影響があります。

午前はNY相場のくしゃみの洗礼を受けますが、後場は中国の上海の相場が始まりますので、上海の株価動向に少なからず、リンクしやすいことを知っておかなければなりません。

株価はその会社単体の材料で動くわけではなく、様々な要因が重なって成約となるので、硬い頭で決めつけるのは危ないのです。

後場寄り高を暗示する歩み値

トヨタ（7203）の前場終わりの歩み値が後場の寄り高を暗示する。

時刻	歩み値	約定出来高
11:30	6715	28900
11:29	6715	500
11:29	6716	1200
11:29	6715	100
11:29	6715	100
11:29	6716	100
11:29	6715	400

後場寄り前の気配値はギャップアップしている。

売気配株数	気配値	買気配株数
1400	6747	
103500	6746	
	6745	前 206400
	6717	1500
	6716	300
前場の終値 ——	6715	400

言うならば、目の前で動いている株価が唯一現実のものであり、正しいと言わなければならないのです。

この正しい市場の評価である株価、さらに歩み値は、無視できるものではありません。

歩み値の方向にさからわず、しなやかに対応してこそ、株式投資での成果が、より確実に得られるであろうことを心得たいものです。

歩み値の動きでその銘柄の方向を読む、この技術をぜひとも身につけていただきたいのです。

MAXIM 売るべし、買うべし、休むべし

株を買うタイミングは、いかに素晴らしい業績でも、高値更新のタイミングではありません。外部環境や需給関係などで、必ずと言ってよいほど、高値を付けた後に下落に転じて、当面の底値を付けます。

このタイミングこそ、天与の買い時なのです。

飛びつき買いをしていれば、そのあとには大した値上がりもなく、下落に転じてしまいます。飛びつき買いは、ファンドなどの機関投資家の売りのチャンスになるからです。

そこで、株式売買のセオリーは、調整の終わり近辺で買い、吹いて高値になったら売り、あとは次なる底値近辺になるまでは売買はしないことです。

これが株式投資の「成功の法則」なのです。

にもかかわらず、常に株の売買をしていないと落ち着かないという姿勢では、儲かったり損したりで、トータルではマイナスということになるのです。

これでは、何のための株式投資かわかりません。

銘柄により、株価の動きはそれぞれで、売買のタイミングが異なります。少なくとも10銘柄程度の株価の動きに目をやって、好業績、材料株の押し目を狙う——この方法を繰り返すことが、株式投資で着実に利益を積み上げる「法則」なのです。これを踏み外していいことはありません。

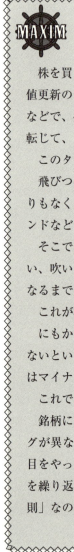

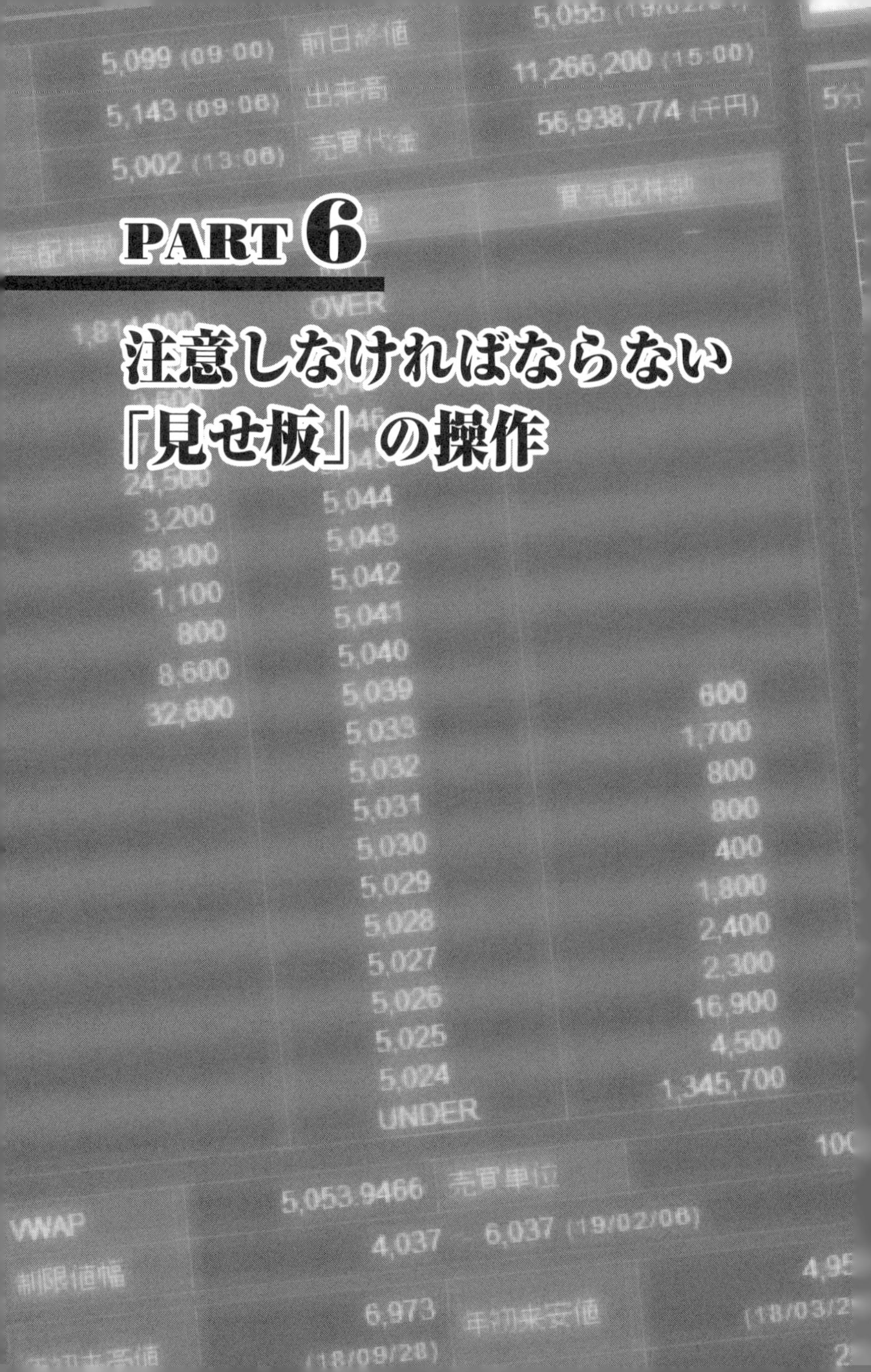

PART 6

注意しなければならない「見せ板」の操作

1

朝の寄り付き前は「見せ板」のオンパレードだ

株式投資は行政の許認可と監視の下で公正に行なわれているはずですが、実際の取引は、極めて恣意的であり、強い者が弱い者をだまし、損をさせるという「戦いの場」でもあることを知らなければなりません。

一見、法には違反していないものの、違反すれすれの売買の仕方をしているものです。

その代表的な取引が「見せ板」というもので、大口の機関が、ある株価で大量の玉を売り抜けたいときに、その少し下で、大量の買い注文を出します。これを見た投資家が、「株価は上がるかも」という印象を持ち、急に買いが増えます。

そのタイミングで、売り方は売却後に、見せ板である大量の「買い玉」を外すのです。

しかし、この意図的な「見せ玉」は、明らかな金融商品取引法違反（159条2項1号）になります。

大量の資金を動かせる立場を利用して、市場に「嘘の注文」を出して、相場を操縦する行

寄り付き前の板に出る大量の見せ板

前場寄り付き前に出た大量の売り●は何を意味するのか？

売気配株数	気配値	買気配株数
3850	成行	22300
100	1208	
200	1207	
11500	1206	
600	1205	
	1204	前　400
	1203	500
	1202	300
	1201	200

処分売りの場合もあるが、「売り」を主たる取引にしている筋の上値圧迫も読み取れる。

為であり、不公平極まりない事態になるからです。

この「見せ板」は、犯罪であるにもかかわらず、日常茶飯事に見られることですが、あまりにも数が多く、取り締まりが追いつかないのです。

この見せ板は「カラ売り」でも行なわれます。

ここに挙げたように、前場の板のある価格帯に、大量の「売り注文」が出ています。

これを見ると、「今日は弱いかな」と考えて、たとえ上がりそうな日であっても、早めの利益確定を行ないがちですが、意外や意外、その板は急になくなり、寄り付きの後で急騰することもあるのです。

2

8時59分過ぎの板が正しい

前場の取引は午前9時から始まりますが、気配値は午前8時からパソコンやスマホで見ることができます。

そこで、注目してもらいたいのは、8時半から9時間際まで出ている大きな板の変化です。意図的に相場を動かして、得をしようとか、有利になりたい輩は吐いて捨てるほど市場にいるのです。「わからなければいいだろう」、「立証が難しい」という状況を逆手にとって、「やりたい放題」なのが、板の実態です。

一番目立つのが、大量の売買注文を出して、9時の取引開始直前に取り消すという手段です。「キャンセルだからいいだろう」という声が聞こえてきそうですが、それでは、8時から8時59分までの板の意味は何だったのか、ということになります。

一般的に、様々な投資家、とくに個人は、忙しい中で板をチラ見して、「今日は強いな」とか「弱いな」の判断で指し値の注文を出して、本業にかかります。

寄り付き直前の気配値を見る

売気配株数	気配値	買気配株数
9500	成行	8200
28300	OVER	21400
400	1208	
200	1207	
100	1206	
200	1205	
	1204	400
	1203	600
	1202	300
	1201	200
	UNDER	

1400株の売りが消えた

1）株の取引では、心理戦が展開されるため、実際の取引を意図しない「見せ板」に要注意。
2）この板には、9 時の取引開始直前に大量の売りが一瞬にして消えた「見せ板」があった。

しかし、その気配が取引直前に変わってしまうのでは、まったく「寄り付き前の気配」の意味をなしません。

寄り付き前なので違反にはなりませんが、それを良いことに、この手の「見せ板」が極めて多く使われ、トレードの目先を迷わせているのです。

板にはあまり興味がないと無関心を装うスタンスの人は騙しやすく、大口や仕手筋の作戦なのです。

これに騙されやすいのは、「朝一で勝負しよう」と、虎視眈々と板を監視しているデイトレーダーです。十分用心して、取引開始からの板の変化を読み取らないと失敗します。

3 見せ板は「売り」「買い」双方に使われる

本書のように、「板の読み方」を解説し、「板の変化やバランスを見よう」などと書いていれば、これを読んだ投資家は余計に板の変化を気にします。

「見せ板を使って相場をゆがめよう」と考えている輩にしてみれば、またとない手法になります。

板の変化には、株価の「強弱の対立」を克明に理解する情報が満載ですが、それを利用する人間にとっては、これは格好のアイテムになるのです。

ある日の朝に、前場寄り付き前の板が、ストップ高だったとします。

「これはいい、とばかりに成り行きの売り」を入れたらどうなるでしょうか?

なんと、儲かるどころか、マイナスの「取引履歴」が出てきたではありませんか。

そうなんです。ヌカ喜びをしてはいけません。売りも買いも寄り付き前の板には「大嘘」がいっぱいなのですから。

寄り付き直前の気配値を見る

08:55

売気配株数	気配値	買気配株数
400	5230	
200	5220	
800	5210	
300	5200	
	5190	400
	5180	11300
	5170	200
	5160	500

大量の買い注文

08:59

売気配株数	気配値	買気配株数
400	5230	
200	5220	
800	5210	
300	5200	
	5190	400
	5180	300
	5170	200
	5160	500

大量にあった買い注文が消えた

※明らかに株価操作を意図したものであり要注意！

大した材料もないのに、ある銘柄に、大量の買いがあったり、逆に大きな売りがあっても、あわててはいけません。取引までは信用ができないのですから。

むしろ、大きく乖離して寄り付いても、それはそれで、チャンスになることもあるので、「意外な株価の動き」「板の変化」は、甘んじて受け入れて、そのあとの変化をうまく読んでトレードすればいい、くらいの余裕をもちたいのです。

板には常に「ダマシが隠されている」と知るべきなのです。

4

場の途中に出てくる大量の注文を解読する

取引が始まってからの板の動きは、その日の相場をいかんなく表しています。

人気のない銘柄の板は、売り買いともに注文数が少なく、板の動きも活発ではありません。大型の銘柄でこのような動きになるのは、大体は底値近辺で「人気離散」となっている場合が多いのです。小型の銘柄でも、売買注文数が少ない銘柄は、取引数が少なく、歩み値も連続しておらず、5分足も不連続となっています。

それに対して、人気の銘柄は売買注文数が多く、板の動きも活発です。

デイトレードをするならば、この類の銘柄に絞って行なうのがよいでしょう。ただ、気を付けなければいけないのは、活発な商いの中でも、「株価操作」らしき注文があることです。

人気銘柄は売買数が多いとは言っても、気配値に現れる株数は、3000株とか2000株くらいが普通です。その中で、いきなり3万、5万の株数の注文が売りや買いに入ってきたときを考えましょう。

ザラ場で出た大量の注文

	売気配株数	気配値	買気配株数
	300	4291	
大量の売り注文	5100	4290	
	200	4289	
	500	4288	
		4287	400
		4286	200
		4285	400
		4285	200

売気配株数	気配値	買気配株数	
300	4391		
400	4390		
200	4389		
500	4388		
	4387	300	
	4386	300	
	4385	400	
	4384	6200	大量の買い注文

※大きな注文の板は、実需の可能性もあるが、前後の注文数に比べて極端な注文は怪しい！

ここには、場中で意図的に株価を操作して、高値で売り抜ける、安値で買い集めるなどの狙いがあります。

株取引の中では、投資家が予想できる動きになる可能性は極めてまれです。

そこで、大きなファンドや機関投資家は、板を誘導することで、狙いの株価での売買を成功させ、利益を確定させます。

個人投資家は、意図的な板のバランスに騙されないようにしなければならないのです。

5 ファイナンス前の板は究極の株価操作だ

株式相場で出てくる「ファイナンス」は主に公募増資です。大口の投資家に市場で株価を参考にして、払い込みを行なってもらいます。

そのために、公募増資が発表された後の株価は、発行元の企業の都合で、幹事証券が「好ましい株価」を演出するのが一般的です。極端に高騰すれば、応募する投資家が困り、逆に低ければ、発行元の企業の目算が狂うのです。

これを防ぐために、幹事証券は依頼された発行元の企業の要望を「忖度」して幹事証券の名誉にかけて、株価を一定の「好ましい」水準に維持します。

このような明らかな「株価操作」は、法的に疑義があるのですが、市場では半ば公認の状態になっており、ほとんどの公募がらみの銘柄の株価の動きの特徴になっています。

ただ、個人投資家としては、この手の銘柄の値動きはある程度読めるので、「下がったら買い、上がったら売り」の単純作業ができる点ではやりやすいと言えるでしょう。

次から次へと湧き出る注文の嵐に

- ファイナンス絡みのときには、株価を一定に範囲に抑える証券会社の売買注文が出てくる。
- 公募増資の株価が2000円のときに、増資のときに相当する株価が事前に大きく動かないようにすることが考えられる。
- 2018年2月に公募増資を発表したある銘柄は、増資前は右肩上がりの株価でしたが、増資発表で株価は弱くなりました。
- そのために、増資を引き受けた人が大きな損にならないために株価操作が行なわれやすくなります。

株価	2500円	←この水準までに抑える
	↑	
	2000円	
	↓	
株価	1900円	←この水準までに抑える

いわば、ボックス圏で動くような銘柄なのです。ただ、すべてのファイナンス絡みの銘柄が同じ動きをするとは限りません。

中には、幹事証券の力の及ばないような動きになってしまう銘柄もあるために、ワンパターンでは考えないので、臨機応変の対応が必要になります。

すべてが筋書き通りにいかないのが株式市場の常識だからです。

6 値動きの上限を察知する歩み値のパターンは

株価の歩み値にも一定の特徴があります。

ストップ高やストップ安になれば歩み値も意味がなく、「成り行き買い」「成り行き売り」の株数のバランスを見るしかありません。しかし、目まぐるしく動く板であっても、株価が高騰したところでは、目先商いの動きが活発になりますので、高騰時ではおのずと「売り玉」が多くなります。

その時点で買いを入れても、利益確定の餌食になります。株価も上限近辺の動きになり、買いが湧いてきても、それに勝る売りが多くなり、「ここで上限」の動きが明確になります。

板を読んだり、歩み値を見るときには、このデータをしっかりと感じ取り、高値では買いを入れないようにしなければなりません。

ものすごく大きな材料が出てきた場合には、翌日も上がる可能性が大きくなるので、株価が弱くなり、若干下げたところが買いのチャンスになります。

「見せ板」は株価に影響する

売気配株数	気配値	買気配株数
51100	5290	
2100	5289	
1000	5288	
500	5287	
	5286	500
	5285	1100
	5284	1000
	5283	800

この売り板が出ると、株価はこれ以上上がらないと見る人が多くなる

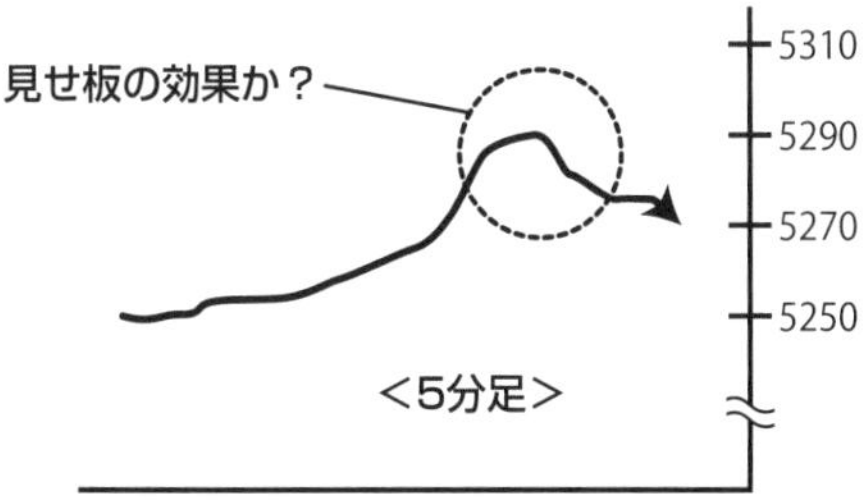

ただ、普通の銘柄では、何日も上がり続ける可能性は低いので、利益が出ているのであれば、利益確定を行ない、いったん撤退が賢明な投資の方法と言えます。

歩み値の特徴としては、まとまった売りが次から次へと湧いてきて、買いに対して売りが圧倒的に勝るようになります。

当然ながら、この板を見ている投資家は「ここが潮時」と考えるのが普通ですので、この時点で買いに入るのは、ファンドなどの「利益確定の餌食《えじき》」になってしまいますので、用心したいところです。

7 底値付近に出る歩み値の特徴は

底なし沼のように下げる銘柄は別ですが、その日の株価の動きにはおのずと上げ下げの限界があります。

大幅に上げた後は、大体は利益確定の下げの場面があるのが一般的です。ただし、売られても、トレンドが上向きのときは下げにも限界があります。

ある銘柄が売られるときの歩み値を見ると、上値からどんどん売りが湧いてきて、利益確定、損切り、売り建ての動きが盛んになります。しかし、余程の悪材料でもない限り、ある程度下げた場面では、「押し目買い」の動きが強くなるものです。

その日の下げの限界を察知する板の状況は、今まで「売り優勢」であったにもかかわらず、突然、買い優勢の板に変わり、株価反発となります。

もちろん、その場面が当面の下値という保証はありませんが、「下押したが反発した」という歩み値や5分足が見られる場面では、高い確率で下値反発の可能性が高くなります。

何回も高値追いに挑戦しても上がらないときに

売気配株数	気配値	買気配株数
11300	6500	
200	6499	
500	6498	
300	6497	
	6496	1100
	6495	800
	6494	600
	6493	700

大量の売り注文

株価上昇に挑戦しても上がらないときに

↓ 売り決済する傾向が強くなる

売気配株数	気配値	買気配株数
1100	6414	
2300	6413	
4200	6412	
3100	6411	
	6410	800
	6409	700
	6408	600
	6407	1100

売りが多くなり
↓
株価下落に

この動きは、プロの投資家ならば誰でも見ていますので、「ここが下値限界」と判断して、株価は反発に向かうのです。

下げの日の歩み値の特徴を理解している人ならば、買いや仕込みのタイミングを明確に理解できますので、絶好の仕込み場での対応が可能になります。

その日の最安値で買えなくても比較的有利な株価で仕込むことができますので、次の反騰の場面で利益確定がしやすいわけです。

8 ストップ高では究極の「見せ板もどき」

市場では人気の銘柄には「我先」に乗ろうという意識が働きます。

とくに新興市場の値動きの荒い銘柄では、たびたびストップ高が見られ、それが一日の取引だけではなく、幾日も続くことがあります。

そこで、いち早く人気の銘柄を取得して、利幅を得ようという動きが強くなります。今まで大した値動きではなかった銘柄が、ある日に突然ストップ高買い気配となれば、その動きについていくことが利益を得られる可能性が高いからです。

ストップ高買い気配となれば、売り物よりも、買い物のほうが圧倒的に多くなるのが一般的なので、「比例配分」を狙った買い注文が入るのが普通です。

比例配分の場合は、多く注文を出した人に売り注文の株数が割り当てられますので、実際に必要な枚数以上の注文が「比例配分狙い」で入ります。

この動きがストップ高の買い注文を膨らませ、圧倒的な「買い長」の状態を作るのです。

ストップ高では究極の見せ板もどき

売気配株数	気配値	買気配株数
27700	成行	189000
	OVER	
72700	375	
	375	特 228100
	374	9100
	373	5600
	372	2700
	371	4400
	370	1400

ストップ高、買い気配での東京２部銘柄の中には、
成約狙いの注文が相当入っているものと見られ、
実際の注文数ではない。

　これを知らないで、付和雷同の注文を出せば、翌日は大した動きではなく、逆に値下がりの場合もありますので、この「比例配分」がもたらした「膨らんだ注文」は、「究極の見せ板」になるので、注意しなければなりません。

「ストップ高」にあえて買いに向かうか否かは、その高くなった材料によって判断します。

　納得のいく好材料なら買いで挑み、意味不明なら、やめたほうがいいでしょう。

MAXIM 行き過ぎもまた相場

かつて、ソフトバンクの株価が15万円になったことがあります（分割前）。1万円でも高いのに、3万円になり、そのあとにもあれよあれよという間に15万円になりました。そのあとは暴落です。

NTTの株価も、電電公社からNTTとなり、上場直後に300万円になりました。この株価も一時的で再び300万円になったことはありません。

ゲームの銘柄のガンホーも、1万円を超えて人気化しましたが、分割に分割を繰り返し、今では300円台でほとんど値動きはありません。

このように、株価は時として「狂気の値上がり」をします。

しかし、「これも相場」には違いありませんが、「宴の終わり」に膨大な犠牲者が出るのです。

バブル時代の株価や不動産がその代表的な例です。その真っ最中にいるときは、誰もが「まだ上がる」という狂気の考え方にとらわれますが、必ずババ掴みの人が大量に出てきます。

私は、バブルの最中に銀行の支店長から、7000万円のゴルフ会員権を勧められましたが、「下手だから」と断りました。危ないところでした。

相場は過熱します。そのときに付和雷同で熱くなっていいことは何もありません。

PART 7

「秒速トレード」で、板の動きを活用する

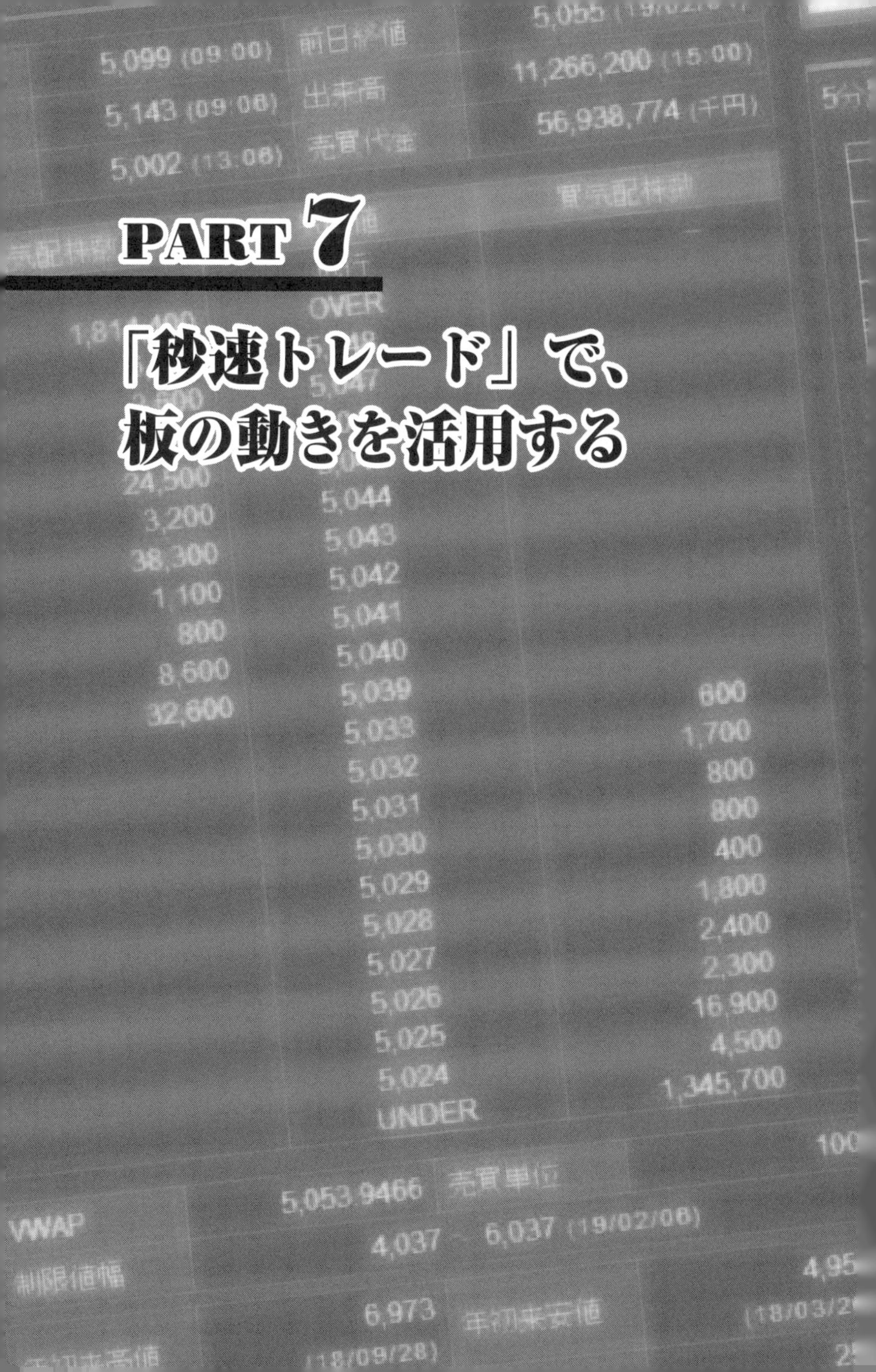

1 「見せ板」をうまく活用する

場中の板の動きを見ていると、ある価格帯に大きな「売り玉」「買い玉」が見られます。その「玉」も一定ではなく、板の変化や歩み値の動きで小刻みに変わります。

これを見ていれば、「ああ、ここで売りたいのだな」「この水準では買いが多い」ということがわかります。いわゆる市場参加者の意図が気配値や歩み値から読めてくるのです。

「敵を知り、己を知れば、百選危うからず」という言葉がありますが、株式投資は相手がいての戦いです。株価は上げ下げですが、参加者の大勢の流れや意図が読めてこないと、有利な売買は不可能です。

ある水準で大きな売り玉が出てきた場合は、大体は、それ以上の高値には行かないで、売り玉が増えると株価は弱くなり、下値を探る展開になります。

もちろん、際限なく下がるわけではないので、どこかで反発となります。

逆に、大きな売り玉を飲み込んで上値を追うときは、「しこりの玉」がこなれたわけで、

買いの「見せ板」を上手に活用する

売気配株数	気配値	買気配株数
500	3123	
4100	3122	
700	3121	
600	3120	
	3119	400
	3118	700
	3117	21,100
	3116	8,000

見せ板の主な目標は
この売りでの成約

見せ板

売気配株数	気配値	買気配株数
400	3125	
600	3124	
300	3123	
100	3122	
	3121	500
	3120	600
	3119	300
	3118	400
	3117	400

比較的大きな
売りが成約

見せ板が
消える

瞬時の上げを予測して利幅を取る。


株価は上を向いて反発に向かいます。

　このように、板は「生き物」であり、微妙に呼吸しています。吸って吐いての繰り返しになります。この動きを読むことが大切です。

　上がった場面で、あわてて「成り行き買い」をすると、次の局面で損が拡大して精神的に辛くなるため、用心しなければなりません。

2 大きな売りの玉が出てきたら、下げの限界を図る

株価が下げるときの板は、必ず、大きな売り玉が出てきたときです。

その量により、買い玉の数を考えて、「どこまで下がるのか」を予測することができます。

たとえば、3万株の売りが出て、至近の買い物が2万株しかない場合は、それ以下の買いの数値をも飲み込んで下げていくことが予測できます。

株価が下がることがわかる事態になったならば、急いで買うのは賢明ではありません。株はできるだけ安く買い、反発で利益確定できるチャンスを獲得することが勝利の方程式です。

売られるときは、急落の場合に「我先」の売りが出てきますので、その様相を板や歩み値を見ながら監視していきます。

ただ、余程の悪材料が出ていない銘柄の押し目には、おのずと「押し目買い」が入るのが普通ですので、下げの後に大きな買い物が出てきます。

もちろん、この反転に対しても売り玉が出てきますが、急落の後は、買いが多くなり、売

売りの「見せ板」を上手に活用する

売気配株数	気配値	買気配株数
31100	3218	
1000	3217	
200	3216	
400	3215	
	3214	600
	3213	500
	3212	200
	3211	2200

大量の売り注文

比較的小さな買い注文

上値に大量の「売り注文」を出して株価を下げ、
3211円の注文を成約させる狙いがある。
この場合は、手前の3212円に買いを入れて
株価調整で成約させる。

買のバランスが買い有利の方向に傾くときがあります。

そのタイミングが、「下値買い」のシグナルになるので、買いを入れるのがよいでしょう。

下値では、歩み値を見ていくと、盛んに売りと買いのせめぎあいが行なわれますので、しっかりと見届けて、株価は上を向いているのか、下を向いているのかを判断したいものです。

下値でのせめぎあいは、チャートでも明確にわかるので、テクニカルの面でも確認することで、株価の方向が読めてきます。

3 一定の振り幅を狙う見せ板に乗る

ファンドや機関投資家、証券会社の運用姿勢は、巨大な資金を元手にして、いかにして利益を確保するかを最優先にしています。

優良で材料があり、先高が期待できるというような個人投資家の視点での売買は二の次と言えます。

早く言えば、「目先で株価をどれだけ動かすか」を考えて、その振り幅の中で差益を確保するのです。アルゴリズムというコンピュータ売買が幅を利かせているのは、極めて小さな株価の振り幅でも利益が確保できるシステムになっているからです。

この世界で個人投資家が株で儲けるためには、明日や明後日の株価の動きを予測するようなやり方では、なかなか良い成果が出にくいことは確かです。

ましてやアメリカの保護主義の外交、経済政策次第で株価の振り幅が大きい状況では、極めて短期的な売買で、確実に利益を出す方法をとらないと成果は上がりません。

株価が一定範囲で動き、「見せ板」出動のときに

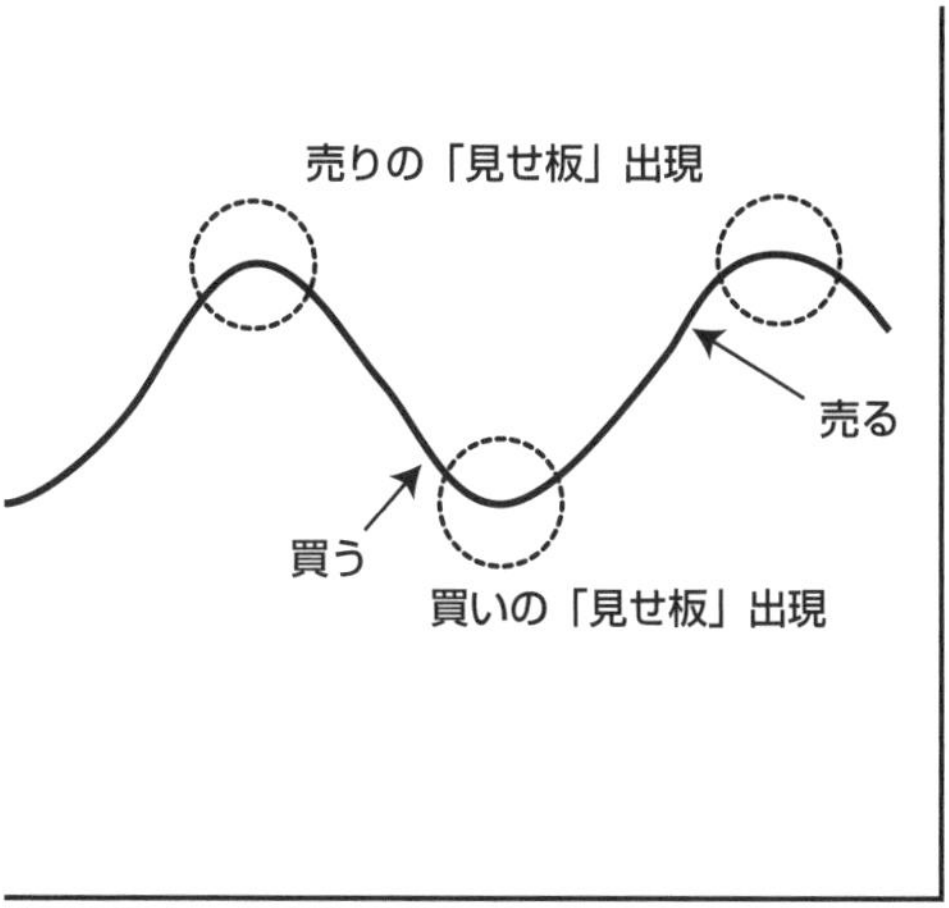

「見せ板」の内側の株価に注文して、
うまく売買を成立させる。

ビジネスとして株式投資をしている彼らに伍して戦うには、その戦法を知りつつ、同乗して「コバンザメ」のようなトレードに徹することが賢明と言えます。

機関投資家が狙う株価の振り幅は、銘柄にもよりますが、それほど大きくはないので、「下げの終わりを買い、適度な戻しを売る」戦法をとりましょう。

間違っても、目算が狂って翌日に持ち越すとか、長期投資に切り替えてはなりません。

失敗は失敗と認めて、潔く整理して、小さく損をして、大きく儲ける習慣をつけたいものです。

4 仕手筋が使う株価操作の波に乗る

市場には、様々な投資家が入り、利益を確保しようと取引を行ないます。いわゆる「仕手筋」と言われる投資集団も侮れない投資家集団の一つです。

資金の量から考えると、大型の優良銘柄には入らないと考えられますので、一部でも小型の銘柄や二部、さらに新興市場のマザーズやジャスダックの銘柄が対象になると考えられます。とくに、新興市場の銘柄には、常時と言ってよいほど、仕手筋の介入の足跡があり、株価を誘導しています。

仕手筋の介入の仕方の特徴は、これまで少なかった出来高を急に増やして急騰させ、市場の注目を集めて、いわゆる「提灯買い」を狙うのです。

一般の投資家が乗ってきたところで、事前に安値で仕込んだ玉を利益確定で手放します。もちろん、すべての銘柄を手放すほどの買いと出来高は期待できないので、ある程度の株価操作を一般的に行ないます。

仕手株に見られる「高値追い」の見せ板を活用

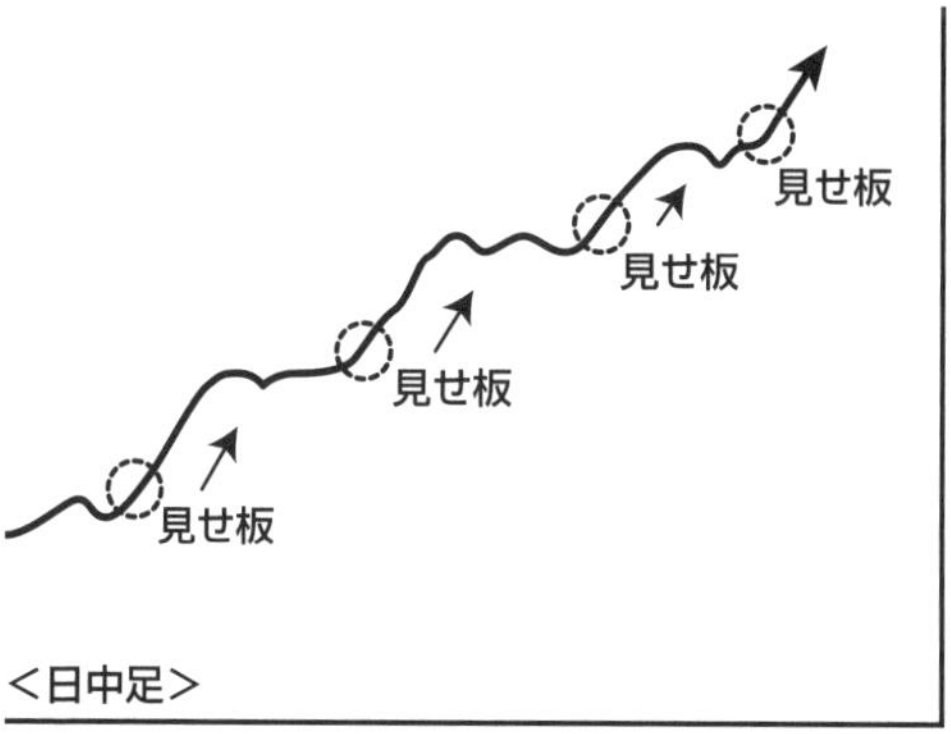

仕手筋は節目で「買いの見せ板」を出し、上値追いの板をつくる。
これに上手に乗るには、板情報の「見せ板」を上手に読むことが大切である。

そこで仕手筋が行なうのは、上げては下げての繰り返しで、手持ちの玉を使って小型の銘柄を上手に操縦するのが一般的です。

この仕手筋の「手の内」をうまく活用して、相乗りで小幅の利益を狙うのも確実に儲ける個人投資家の投資法です。

株式投資では、相手の手の内を読んで的確に売買することが、最も効果的です。そこで、値動きと板を見ながら、下げたら買い、吹いた売り、この短期の売買で利益をとるようにしましょう。

100%の成功を約束はできませんが、意図的な株価操作が相手なので、読みやすいトレードになります。

5 仕手筋の揺さぶりの見せ板の判断の仕方

板の動きの特徴を見るときに、仕手筋の動きとファンドの動きとの差にはどのような違いがあるか考えてみましょう。

一つに、ファンドの株価操縦は資本金の大きな優良企業や材料株に積極的に投資し、全員参加型の相場を作り上げます。いわば、市場のテーマ株、人気株に仕立て上げて、売買金額の増加を狙います。

それに対して、仕手株は「いきなりの高騰」を演出して、出来高の水準は少なくても小型の銘柄を選ぶので、目先筋の個人投資家などの買いを促し、利益確定のチャンスを作ります。

そのために、板を見ていると、買いがぐんぐん湧き出す形になり、勢いのあるうちは、まとまった買いがそろいます。

しかし、ある程度の値幅の動きがあり、出来高急増があると、利益獲得のチャンスが得られるので、高騰の次は、あっという間の「行って来い」の株価になりやすく、今までの出来高、

上下に揺さぶる仕手筋の見せ板を活用

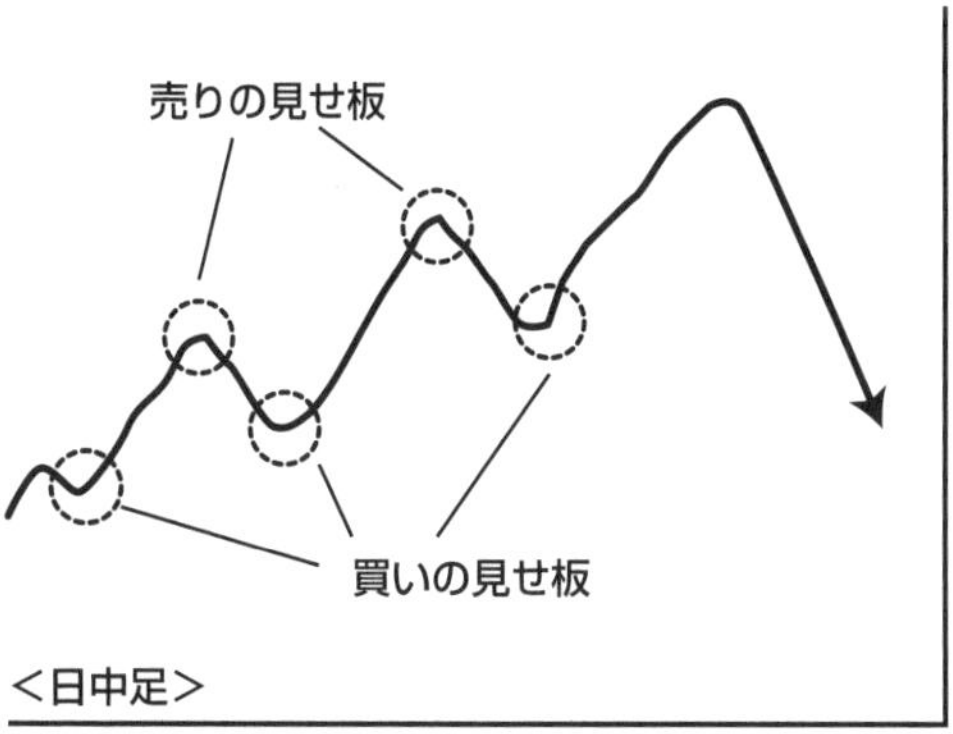

仕手筋は株価を上げるために、下値に「買いの見せ板」を出すが、上昇の途中で「売りの見せ板」も出して、株価を調整させながら、株価を軽くする手法も使う。

買いの急増が嘘のように衰退していきます。

そのために、迎合して梯子《はしご》を外されてしまうと、再び買い値を上回る機会がなくなります。

そこで、この手の銘柄での勝負の仕方は、「出来高があるうち」ということになります。

歩み値を見ていて、活発な売買成立のあるうちはトレードは可能ですが、出来高急減、歩み値の閑散が見られたら、損切りをしても逃げなければなりません。

あくまでも意図的な株価作りなので、理論的な動きはなく、思惑や噂優先の値動きなので、この手の銘柄には「長居無用」です。

あくまでも、動いているうち、出来高があるうちが勝負です。

6 逆張りで歩み値をうまく活用しよう

どのような銘柄でも、一日の値動きは結構な値幅があります。

その値幅を最大限に活用して利益をとるのが「逆張り投資」のやり方です。注意しなければならないのは「さらに上がるのではないか」との考えで、高値に飛びつく投資です。

買ったところが、その日の高値となったのでは、利益確定のチャンスはありません。ある銘柄を買うときは、板の呼吸をよく読んで、上げ下げの動きの中で、上げ過ぎからの反落や利益確定の押し目の場面を狙い、うまく拾うという方法をとることが大切です。

ただ、対象にする銘柄はあくまでもトレンドが右肩上がりでなければなりません、下値からの立ち上がりや高値持ち合いからのブレークアウトの動きを狙い、その日の押し目を買う戦法をとりましょう。

できるだけ押し目を狙う冷静な売買が、次の局面で「利益確定」のチャンスを得る可能性があるわけで、そこで欲張らずに手放す決断が必要です。

逆張りで歩み値を活用する

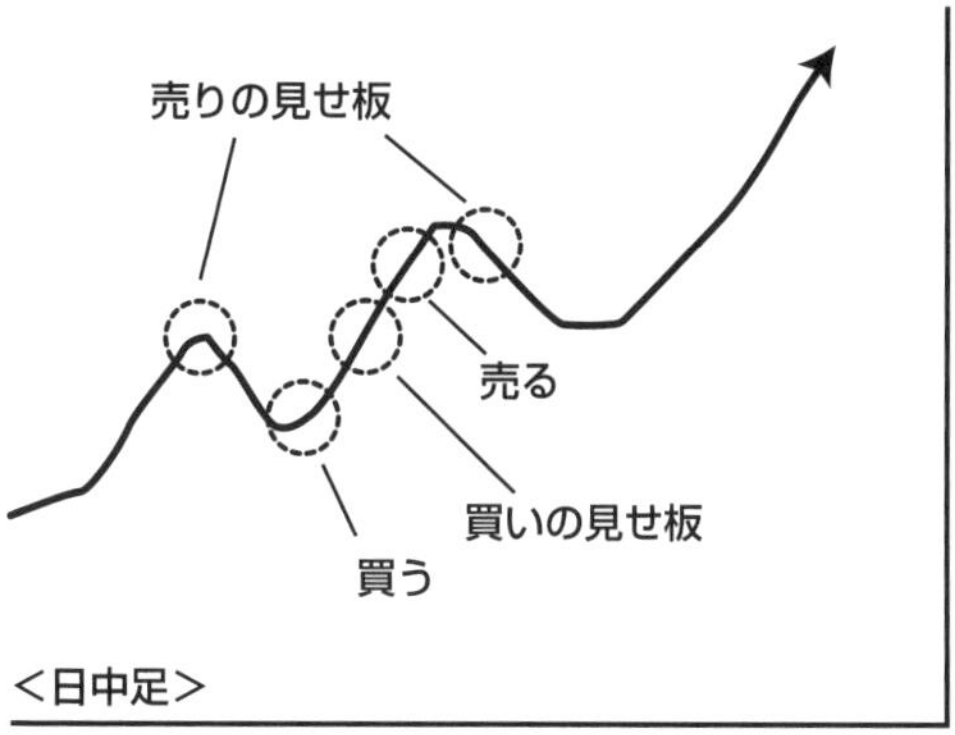

1）「売りの見せ板」が出たら、その後の株価下落を確認して、下落の後の株価の底ばいを確認して買いを入れる。
2）その後に「買いの見せ板」を確認して、売りで利益確定する。

「まだ、上がるだろう」というのは、失敗のもとです。

誰でも、利が乗れば利益確定しますので、持ち続ければ、必ずと言ってよいほど、押し目を通り過ぎて、下落から含み損となることは間違いありません。

次に反発の時期がやってくるにしても、相当な時間の損失を我慢しなければならないのです。

マイナスの株を持って苦しい時間を持たないで済むように、欲張りの投資はしないことが大切です。

MAXIM　もうはまだなり、まだはもうなり

自分の考えだけで判断すれば間違いやすい、という典型的な格言です。

株価が下落している中で、「もう底だろう」という考えで仕込むと、さらなる下げがある。結果的に、含み損が拡大するというものです。

そこで、「まだ下がるに違いない」と考えると、そこが底値で反発に転じるというものです。

これは上げの途中でも同じで、「もう高値だろう」と利益確定すると、さらなる高値があるというものです。

相場は、個人が判断しても、なかなかピタリと当てるのは難しいものです。

そこで大切なことは、テクニカルのシグナルである「下値での下ヒゲ」「上値での上ヒゲ」などを確認して、投資行動に入ることです。

ローソク足などは、投資行動や株価変動の強弱を明確に表していますので、嘘がつけません。

誰にでもわかり、需給関係がわかるテクニカルのシグナルをきちんと行動に移したいものです。

相場は、個人の考えではどうにもなりません。「相場は相場に聞け」ということわざもありますが、柔軟に考える姿勢を心掛けていきたいものです。

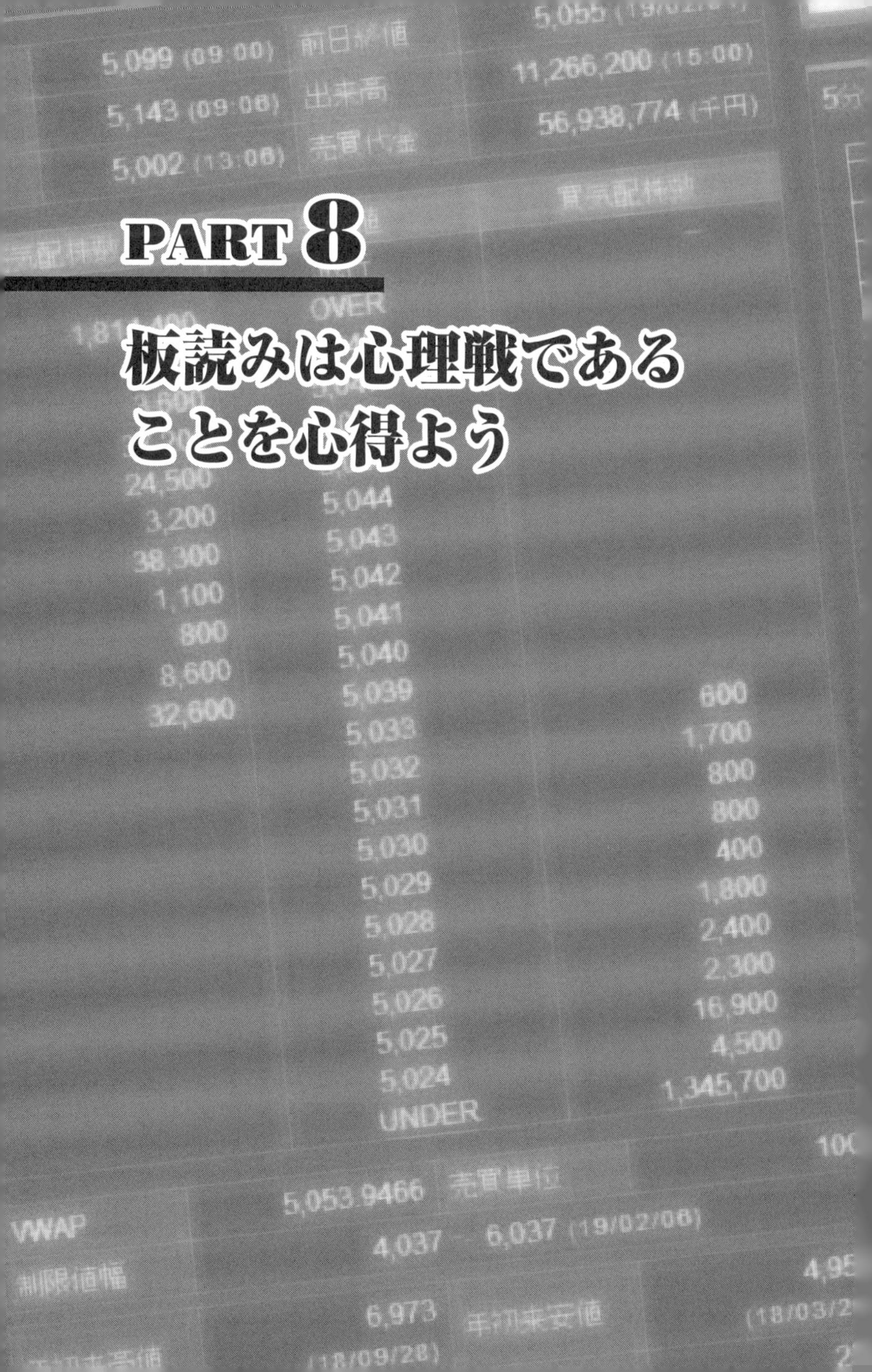

PART 8

板読みは心理戦であることを心得よう

1 急落の様相にどう対応するか

株式の世界は、外国のファンドと仕手筋によって、大半が牛耳られていると言っても過言ではありません。

中でもファンドには「決算」があり、それにより「意味不明な売却」「銘柄の入れ替え」があることを知らなければなりません。

この動きは当然ながら板に現れます。

ただし、あるファンドが銘柄の入れ替えを決定すると「問答無用」で売却してきますので、業績がどうのとか、人気があるなどは関係なくなってしまいます。

これが株式投資では難しい現場対応となるのです。株価に対しては、様々な理論値、割安割高の物差しがありますが、この理屈で株価が動くとは限りません。

そこで、板に強烈な売りの荒らし、次から次へと湧き出す「売り玉」があるときは、株価は一時的にせよ、下降線をたどります。

急落でどうするか？

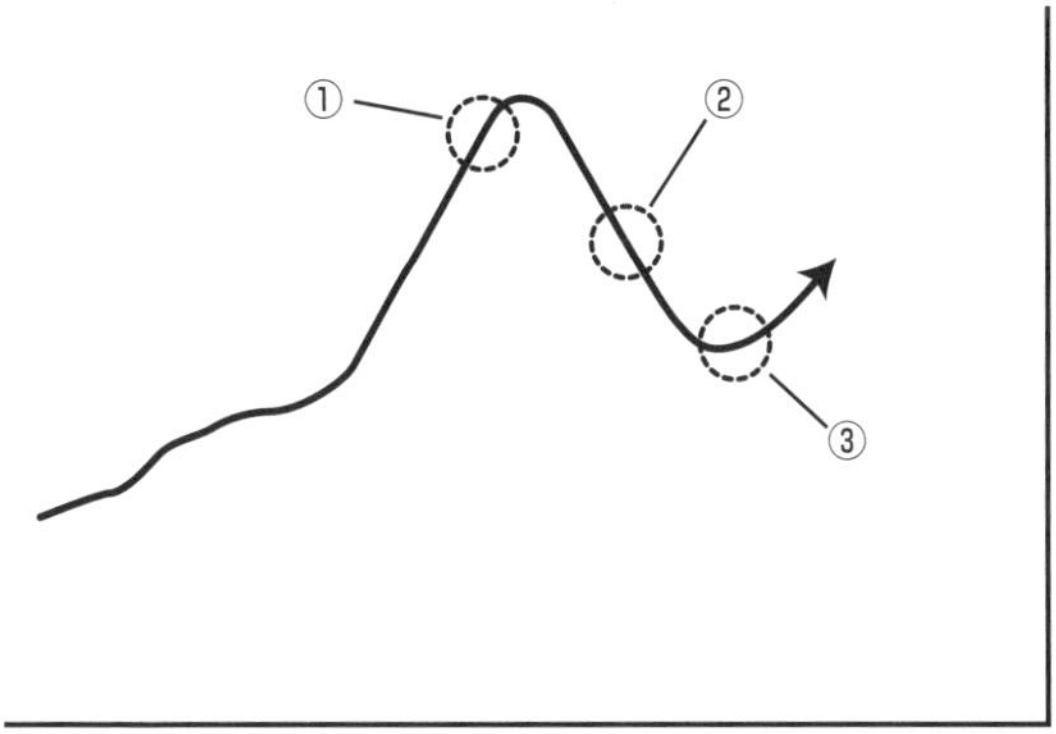

① 高値でつかむ。
② 一部を、損切りか、処分する。
③ 余裕資金があれば、保有単価を下げるために買う。

※あわてて すべてを処分すれば、損金だけが残り、
良い結果は得られない。

自分の好きな銘柄がそのようになると、あわてふためいてしまうのが普通です。

そこで、はじめから長期での保有を考えているならば、すべてを損切せず、一単位を持ち、株価の趨勢を見て、ほかのファンドなどが買いを入れてきたならば、押し目の買いを入れて、平均単価を下げるのも一つの方法です。

大切なことは、利益を出すか、損を出すかです。会社の倒産や事業の挫折でもない限りは、ある程度の保有期間を持つだけの資金の余裕も大切です。

2 下落に弱い投資家が陥る罠は

板を見ながら売買するときに大切なことは、急落の局面で、どれだけ強いメンタルで対応できるかということです。

投資家は経験、動かす資金、生活や個人収入など、置かれた条件は様々であり、株価の変動に対しても、「耐性」というのか、感じ方が全く違います、

株価の動きには敏感で、素早い対応が求められますが、半面で、いちいち驚き、パニックになっていたのでは、正常な判断と取引を行なうことはできません。

「1円でも損したくない」と考える投資家は、むしろ、利息は付かなくても銀行や郵便局にお金を預けて、元本が少しでも増えるのを楽しみにしたほうがいいかもしれません。

株式投資は、相手も「お金を増やしたい」という敵であり、様々な手を使ってきます。それがほかの投資家にいかなる影響を与え、マイナスになるか、などは全く考えないことです。

ですから、こちらも、いつ売ろうが、いつ買おうが勝手であり、多少の暴落は「安く買え

投資戦略の立て方

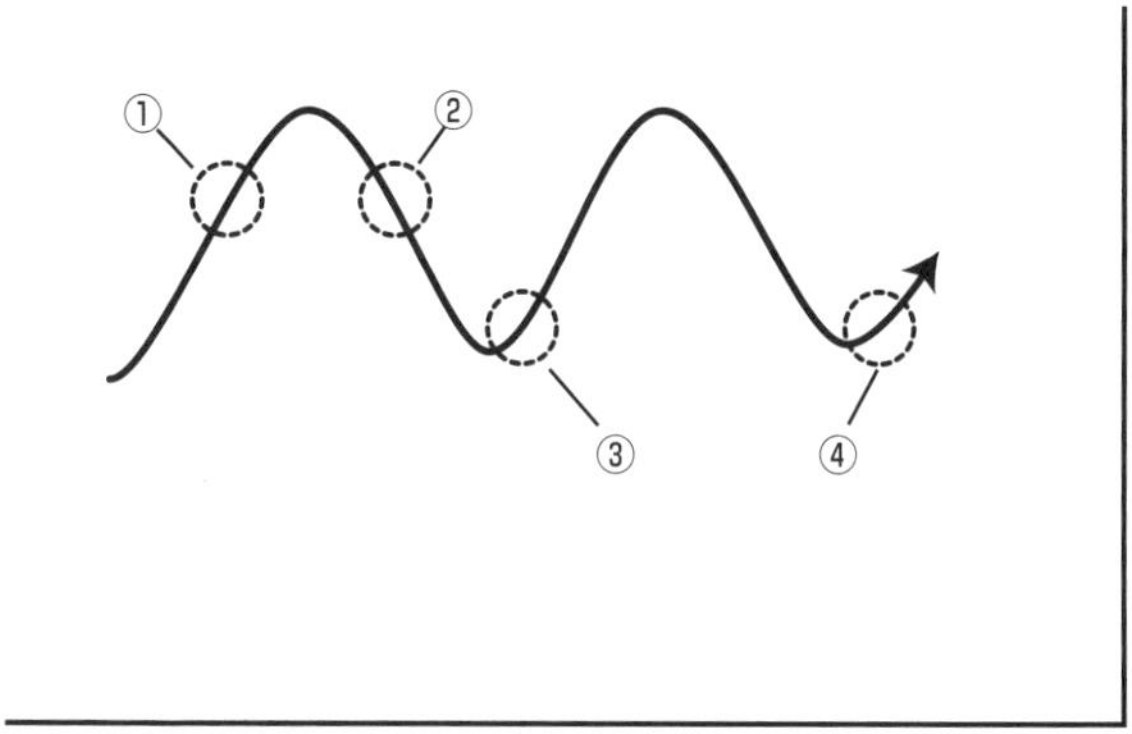

① 株価に勢いが出たときに買い。
② 急落に遭ったときにあわてない。
③ 平均単価を下げるための買い。
④ さらに平均単価を下げるための買いで、手持ち株全体の単価を下げる。

⬇

平均単価が下がることで含み益が出やすくなる。

るチャンス」くらいに腹が座っていないと勝ち目はありません。

自分の口座を見て、「なんで、こんなにマイナスなんだ」と嘆くのは構いませんが、そこで、すべてを売って放棄するなどの癇癪《かんしゃく》は起こさないことです。

今日はいくらマイナスだったかを忘れるくらいの神経が必要です。そのためには、「このお金がないと生きていけない」ような資金を投入してはならないのです。

3 オーバーナイトが怖い性格には

はっきり言って、株の売買で一番大切なことは、売買の技術というよりは、「神経が太いかどうか」のほうが成績にかかわると言っても間違いではありません。

初心者がやりがちな売買スタイルを見ると、「上がったら買い、下がって売る」というものです。典型的な、神経のすり減らし、損の山を築くスタイルで、このような投資家がいるので儲ける投資家も存在するのです。いわゆる。負け組の典型なのです。

なぜ、上がると買いたくなるのか?

上がっているうちは気持ちが良く、その銘柄に関する情報も悪いことはありません。「イケイケ」の株価の勢い、いいとこばかりの材料なので、個人投資家が飛びつき、うれしい顔を見せるのです。株価に勢いがあるときは、際限なく上がるような気分になり、安心していられるのです。何も怖いことはありません。

しかし、その時点で悪魔のプロ投資家が、「やれやれ、売れた」とほくそ笑んでいるのです。

ファンドと個人の「買いゾーン」の違い

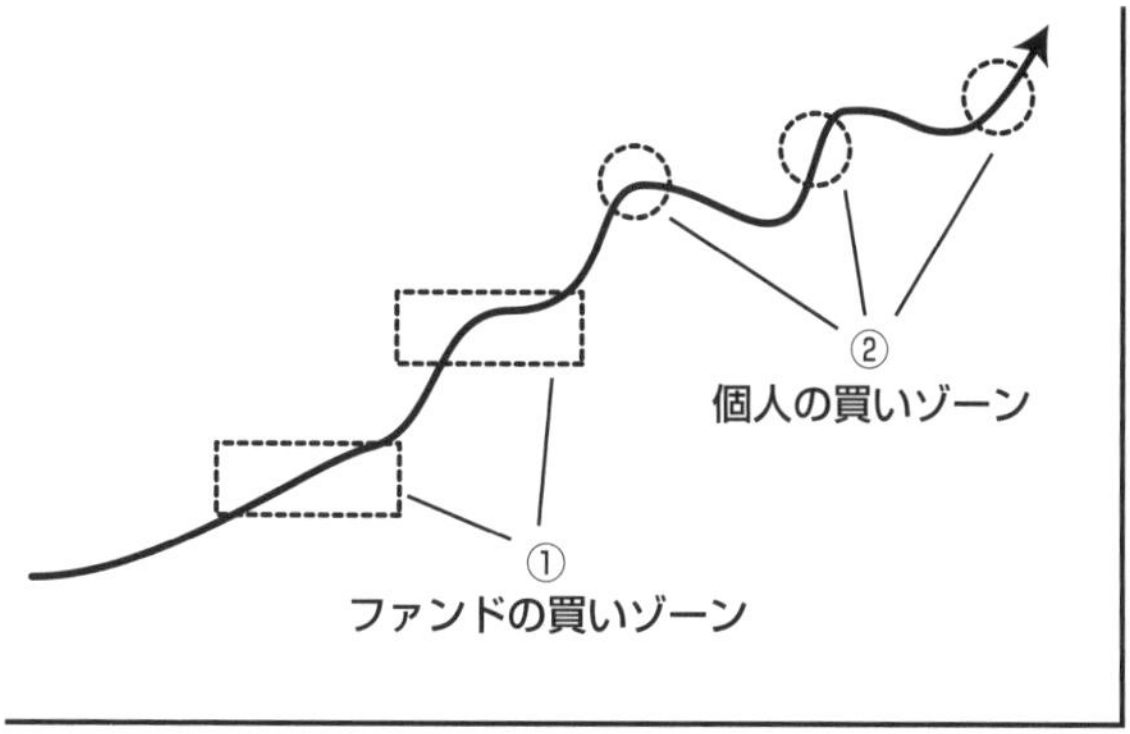

① ファンドは株価が上がる前に細かい調査に基づいて買う。
② 個人は株価が上昇して人気化してから買う。

⬇

結果的に、個人は高値掴みになるので、
用心しなければならない。

大きな出来高になり、「我も我も」と個人投資家が付和雷同の提灯買いを行なっているときに、先回りして仕込んだファンドは、したり顔で利益確定に動いていることを知らなければなりません。

ファンドなどが売り逃げるタイミングで買っているのは、弱小の投資家だけです。もし、あなたがこの場面で買ったと知れば、利益確定のチャンスを与えてくれる「買い手」は誰でしょうか。残念ながら、誰もいないのです。

これが現実であることを知っておきましょう。

4 期待先行が材料の銘柄の注意点

株式市場には、「現在を買う」というより「将来の夢を買う」「期待を買う」一面が強くあります。そのために、大手との提携や夢の新薬関連など、将来得られるであろう果実を先取りして株価が上がる傾向が強いのです。

過去にいかに素晴らしい業績を上げても、それはすでに株価に織り込まれているので、まったく関係ありません。

そこで、注意しなければならないことは、ある材料が出たときに現実的にどれだけの業績の変化が期待できるのか、冷静に判断しなければならないということです。

将来の夢の材料を旗印にして株価を上げるのは、仕手筋なども頻繁に使う方法です。

中には「ある研究をしているらしい」という噂の段階で、株価が急騰することさえあります。手掛けている研究や事業がどれほどのものかわからないのに、掲示板などの噂《うわさ》で株価が上がることも少なくありません。株価を動かすためならば、何でもありの世界です。

株価上昇のリズムは

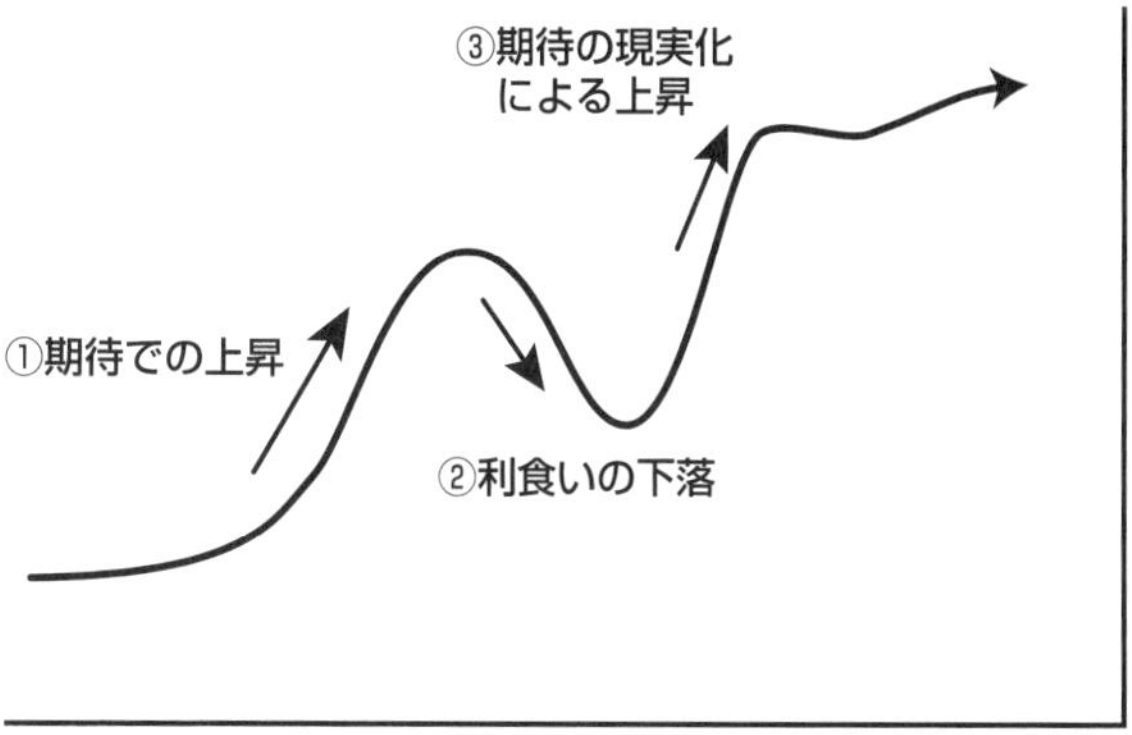

① 期待が先行して上げる。
② しかし、期待が現実化しないと利益確定で下げる。
③ やがて、期待の現実化があれば株価に反映される。

噂を頼りに、それらの銘柄を次から次へと買ったとしても、次の段階で急落することは、珍しくはありません。

このような噂の餌食《えじき》にならないためには、急騰の段階では買わないで、必ず押し目を買うようにするべきです。

さらに、材料は新しいうちに活用すべきです。古くなって、株価の水準も相当上がってから買いに入るのは、ある日、突然の急落に見舞われかねないのです。

その段階で売りが殺到して、大きな損失を被るので用心しなければなりません。

5 ストップ高を買ったものの

新興市場などの銘柄の中には、不確定な材料であるにもかかわらず、簡単にストップ高まで買われる例が少なくありません。ストップ高がまたその値動きだけで、材料になり、追随の買いが入るのが一般的です。

しかし、この手の銘柄はよほどの裏付けがない限り、「線香花火」に終わることも少なくありません。

なぜならば、意図的にストップ高にもっていくのは、この銘柄を手掛けている筋の作戦であり、その材料はネットに流れたにすぎず、なんら確証はありません。

余程の強力な材料でもない限り、新興市場などの配当も出さない企業の材料は、不確かで事業の透明性も少ないわけですから、企業のＩＲ担当に問い合わせても、確たる情報があるわけではありません。

もし、うっかり買ってしまったときに、後日、出来高が急減したときは、問答無用で「損

ストップ高には注意が必要

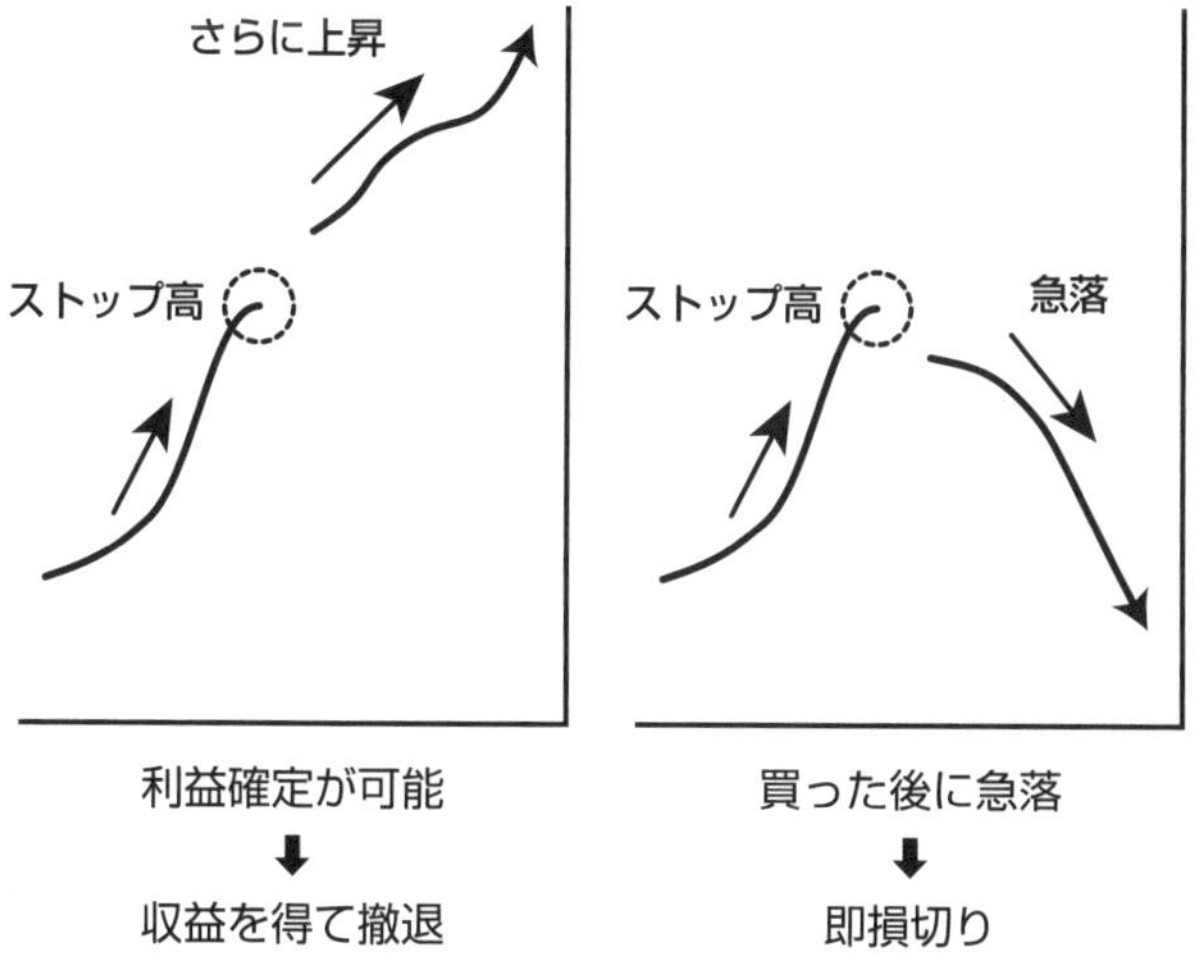

切り」をお勧めします。

「ストップ銘柄」が好きな人は、習慣的にこの手の銘柄に飛びつく傾向があるので、うまく当たればいいものの、失敗する確率も高いので、「逃げ場」を常に考えておく必要があります。

トレードには、見込み違いは普通にあることなので、傷はできるだけ少なくすることが大切です。

急に上がった銘柄が、本物であるかどうかは、板や歩み値を見ればわかることなので、手掛けたからには、慎重に買い手の動きを見るようにしたいものです。

6 薄い板が急に厚くなったときに何があるのか

株式投資の世界は心理的なものが大きな要素を占めるといっても間違いはありません。その投資家心理を動かす最大の材料は、「出来高急増」です。このデータは、ヤフーファイナンスにも情報として日常的に掲載されますので、投資家ならば、間違いなく、情報として手に入れることが可能だし、投資のきっかけとして活用している人は少なくありません。

出来高が急増したということは、その銘柄に対しての注目度が上がり、売買する人が多くなったことを示します。

何かの投資に充てるニュースや材料の発表があったに違いありません。投資家はそれが何なのか、ネット検索で確かめるのが普通です。

中には、それもしないで、出来高急増の初期に飛びつく人も多くいます。

なぜ人気が上がっているのかを確かめているうちに、買い場を失うと思うからです。

出来高が増えるというのは、何よりの材料になるわけなので、トレードの間違いのきっかか

出来高の増加はウソをつけない

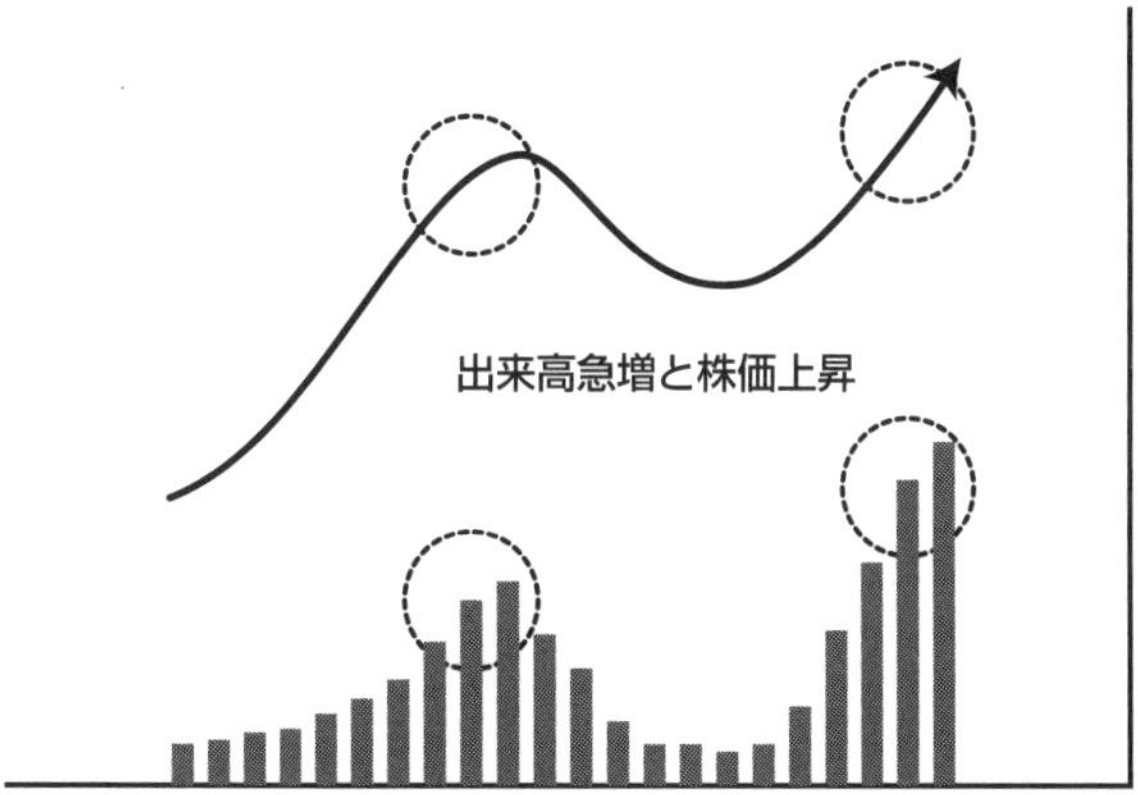

・出来高急増の初期に乗る投資が好ましい。
・出来高は人気の裏返しである。

けになります。

ただ、あわてて飛び乗ると、それ自体が仕手筋やファンドの罠である場合がありますので、心して投資に臨まなければなりません。

出来高急増の初期であっても、必ず、仕掛けている「本尊」は、「振り落とし」という冷や水を浴びせながら、相場を作るに違いありません。

できれば、振り落としのタイミングでの「押し目」を狙って買いに入ることが、そのあとに利益確定を確実にする戦法になります。

7 損切りの銘柄は見たくもないが……

株に勝つには、損切りを間違いなく行なうことが最も重要と言われます。株式は安全資産ではなく、「ハイリスク・ハイリターン」です。

大きく利幅が稼げる可能性がある代わりに、逆に、大きく損をすることもあるのです。下手をすれば、全財産を失うことさえあるのです。

そのリスクを最小限に抑えて、次なるチャンスで復活することができるのが損切りで、残った資産での再挑戦です。

「これはいけそうだ」ということで、買いから入ったり、逆に、売りから入っても、見込み違いや相場全体の流れ、ハプニングで想定外の含み損が発生することは、ままあります。

そこでは、迷わず、ロスカットの決断が必要です。

何パーセントマイナスになったら、損切りをするかという考えもありますが、チャートで「上ヒゲ」「大陰線」が出たときは明らかにロスカットのタイミングです。

投資では、時に損切りも大切である

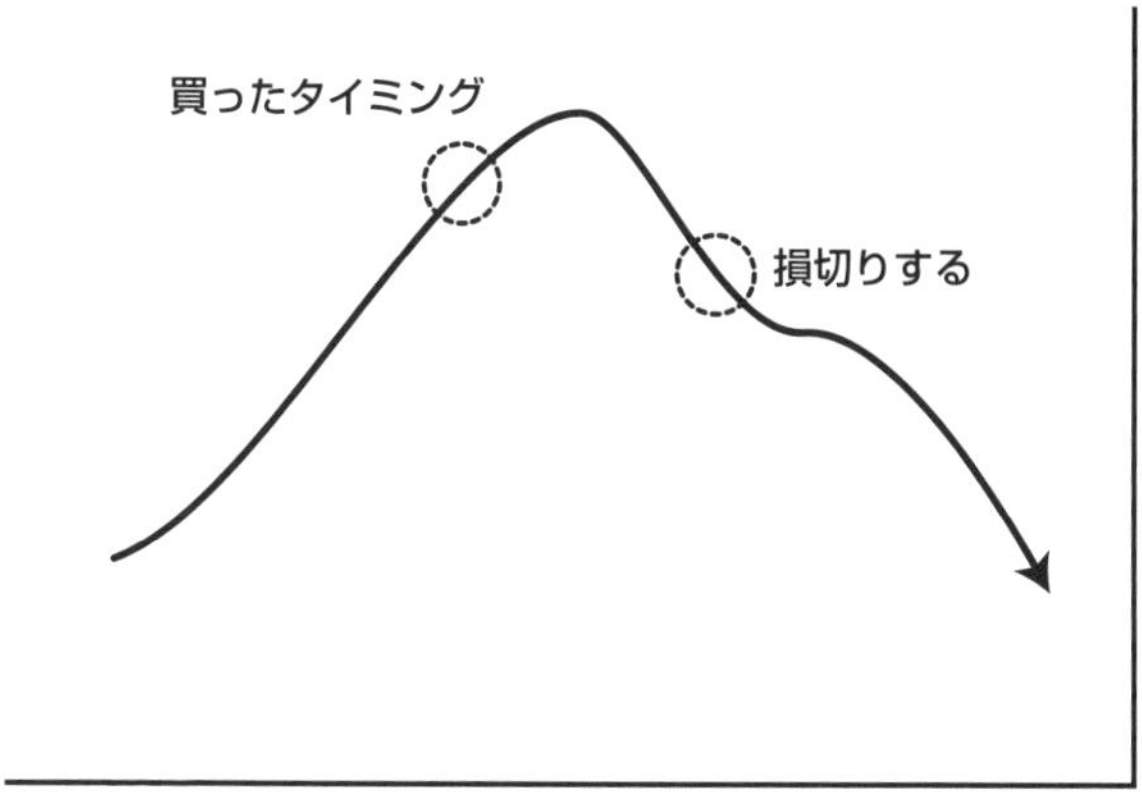

見込み違いの動きの銘柄は、即時売却して、損を少なくすることが大切だ。

⬇

再チャレンジの可能性を残すことが肝心だ！

「含み損は見ないことにする」という投資スタンスもありますが、それでは大切な資金が寝てしまい、ほかの投資でのチャンスをものにすることができないので、良いことはありません。

損の膨らみに対しては、勇猛果敢に対応する勇気が勝利の鉄則なのです。

相場は常にありますので、失敗の取引は長引かせず、整理して、次のチャンスに挑むことが大切です。

8 相性の悪い銘柄、原因はどこに

株式投資をしているときには、「この銘柄を手掛けるとうまくいかない」ということは、誰もが経験するものです。

不思議とその銘柄を手掛けるとマイナスになり、含み損が大きくなるというものです。私の場合は、ソニーがそれにあたります。

なぜそうなのか。

私の場合は、ソニーに限っては「強気になりすぎる」ということです。ほかの銘柄では押し目を買うのに、ソニーに限っては、勢いに乗り、結果的に高値掴みになります。

同じように、人それぞれ、「強気の銘柄」があるはずです。ソフトバンクなども、結果的に上値追いの傾向が長期ではありますが、目先では急激な押し目があり、これも運用対象としては難しいものがあります。

まして、新興市場の銘柄は、「期待先行」の要素が強いので、急騰急落をしながらの傾向

なぜ銘柄により相性の善し悪しがあるのか

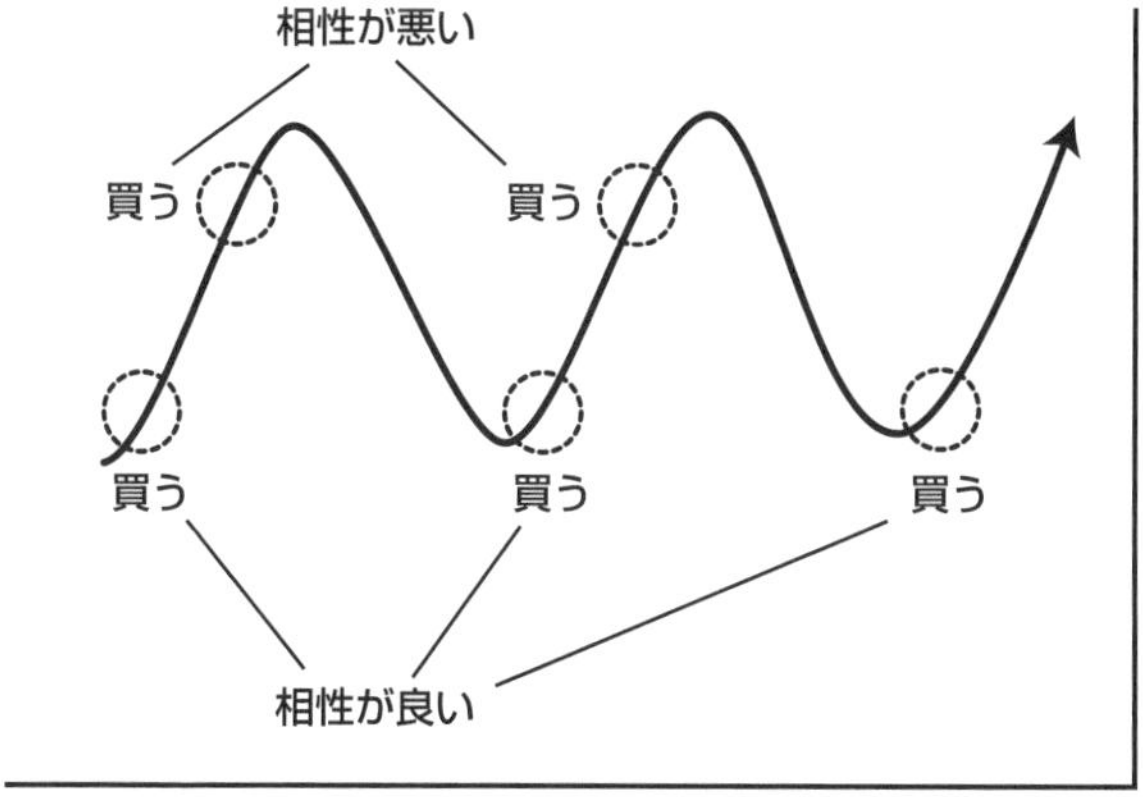

問題は売買のタイミングである。

が強く、下手をすれば、買えば下がる、売れば上がるの傾向がありますので、冷静な「押し目買い」のスタンスを持つ必要があります。

とくに、夢を買う要素の強いバイオ関連の銘柄では、よほどうまくやらないと「損の山」が膨らみかねません。

自分で分析をきちんと行ない、損をしない運用を心掛けたいところです。

株価は上昇下落を繰り返すので、タイミングを間違わない、勝ち癖をつけることが大切です。

9 上げ一服の材料株も買いは旺盛

株価の動きは、大した押し目もなく、陽線続きで上げていくものもあれば、上昇下落をして、徐々に上げていくものもあります。

一般的には、上げた翌日、翌週は「利益確定の売り」が増えて、押し目を形成します。日中の株価の動きでも、上げの次には、必ず利益確定の売りが増えて、株価は足踏みします。もっとドラステックな動きとしては、急騰の次に急落があります。

それは、主に仕手系の銘柄や新興市場の小型の銘柄に多く見られるものですが、出来高が急増して注目されるようになると、買いが膨らんで「売り待ち」の人が多くなるものです。

さらなる上値を目指すには、重くなった「買いのぶら下がり」をなくす必要があるので、仕手筋としては、「振るい落とし」が必要になります。突然の急落を演出して、買い方をあわてさせて売りを誘うのです。

単なる「提灯買い」の人はこの急落を見てあわてて売りに走ります。ところが仕掛け筋と

上昇・下落は筋の戦略であることが多い

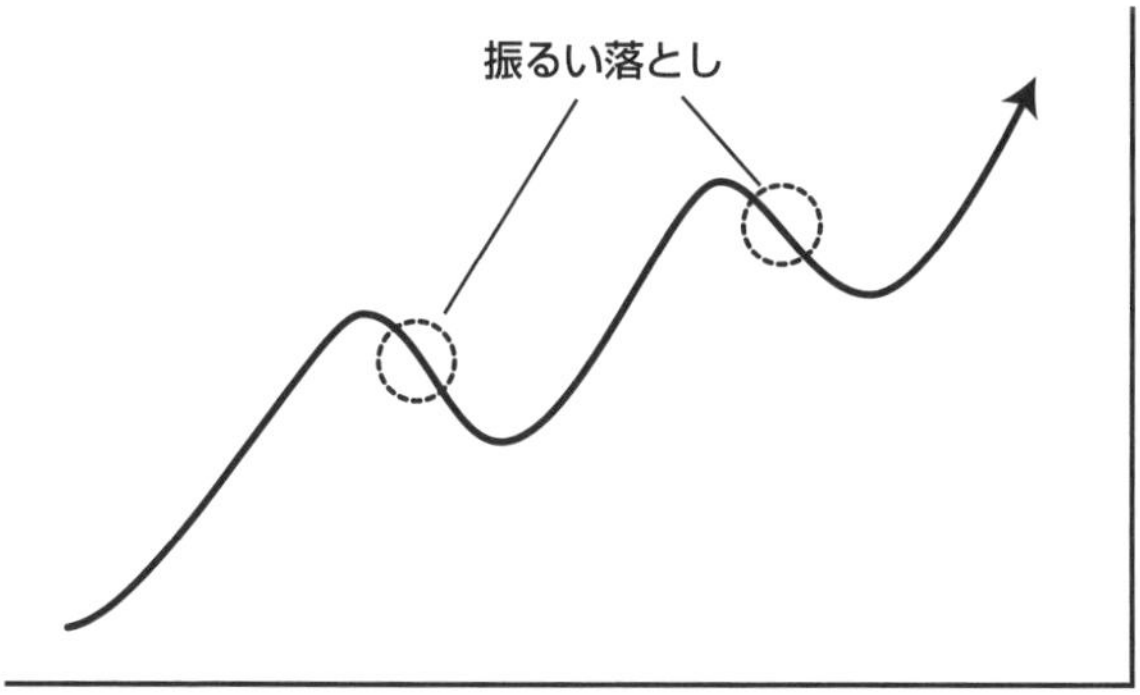

1）仕手株の銘柄の動きには、必ず上昇後に「振るい落とし」がある。
2）買いのみが多くなると、売り圧迫が強くなり、次の上昇にとってマイナス要因となる。

してはここが仕込みどころになるのです。

ここで大切なことは、買うときには情報の慎重な検証を行ない、その確証の下での投資を行なう必要があるということです。

ノーベル賞関連の小野薬品は、ガン免疫療法の話題が初めて出た当初、株価は上げ始めましたが、その道は順調ではなく、急騰急落の繰り返しでした。

結果的に、株価は３０００円台から１万円超えを実現しました。

新興市場の銘柄で高値を付けたものには、この種の動きが多く見られます。

このように、ものすごい高値を付ける銘柄に見られるのは、急落を交えた右肩上がりの動きです。

10 ストップ高をつけたマザーズの材料株は

新興市場の銘柄の動きの特徴は、一つの材料でストップ高の連続があることです。これがたまらなくて、個人投資家が好んで新興市場のジャスダック、マザーズの銘柄に集まります。とくに人気化しやすいのがバイオ関連の銘柄です。業績は赤字、無配であっても、夢の治療薬を開発できれば、業績に極めて大きなプラスになりますので、「先回り買い」が入ります。

急騰急落を繰り返して、注目されている銘柄の一つに、オンコリスバイオファーマ（4588）があります。腫瘍溶解ウイルス技術を使ったがん治療薬で、その進行具合や業績で急騰急落しています。

チャートを見ると、徐々に人気化し、最後は急騰。1000円台だった株価は4000円超えと4倍に化けましたが、その後に急落して半値の2000円となり、もうだめかと思いきや、再びストップ高の連続。「夢よ再び」と期待はさせたが、その後にはじり安の動き。うまく扱わないと、利益を手にすることは至難の業です。

ストップ高の銘柄は材料の動向に注目する

(オンコリスバイオファーマの日足)

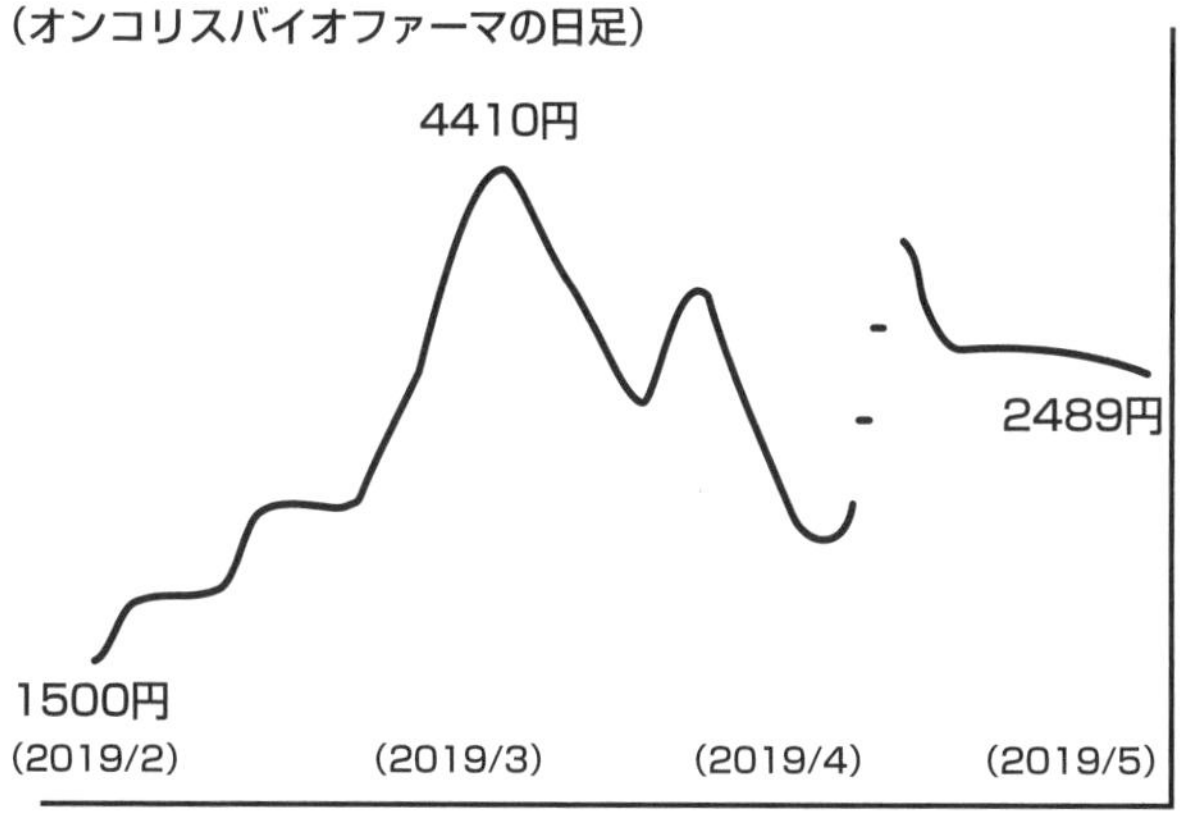

1) 材料で上昇した銘柄は、材料の動向で急落・急上昇がある。

2) 深追いは禁物である。

この手の新興の銘柄は、仕手も絡むので、早耳筋からの情報がもらえる人が有利かもしれません。

しかし、「早乗り、早降り」を基本としないと、一寸先は闇の新興市場の銘柄の動きなのです。

バイオ関連の銘柄は、夢を追う傾向が強いので、買われやすいが急落もある典型と言えます。

ストップ高の裏返しはストップ安である――このことを肝に銘じてトレードに臨むことが大切です。

「総強気」のときに、暴落の要因が積み上がっている。このことをわきまえておきたいものです。

MAXIM 人の行く裏に道あり、花の山

この格言は、株をやる人であれば、必ずと言ってよいほど聞いたフレーズです。

しかし、実際は「裏道」ではなく、表道に飛び出て失敗を繰り返してしまうのが、個人投資家の大半なのです。

なぜ、「裏の道」なのか。それは人があまり来ていない、どちらかと言えば、人気のない銘柄、まだ人気化していないときにそっと買っておいて、人気化したときには売り、利益確定するというものです。

「裏道」はチャートにたとえれば、大底の不人気のタイミングや押し目を指します。

ほとんどの銘柄は、「もうだめだ、倒産はしないが買う人が少ないから、見込みがない」――このように感じるときこそ買い時なのです。

表の道は、人気のトップ10に入るような銘柄です。

裏の道は、トップ30にも入らない銘柄です。

そのタイミングで、したたかに情報を手に入れて買うことが株式投資で成功する姿勢なのです。

人気銘柄の後を追いかけても、その銘柄を誰が買うのか考えてみましょう。自分の買った銘柄はよほどの初心者でなければ買わないはずです。そのことをしっかりと頭に入れて、仕込み時を考えましょう。そうすれば、株を買うたびに、含み損になることはないはずです。

PART 9

板読みによる
デイトレ実況中継

1 朝の寄り付きから、ソニーの動きを追う

最後のＰＡＲＴ９では、板情報の気配値と歩み値の動きに的を絞って、実況中継風に解説してみましょう。

世界的なブランド力を誇るソニーの業績、とくに利益率で目覚ましい右肩上がりになっています。新高値が期待できるところですが、来期の売上高が若干減るとの報道もあり、さえません。

５４００円程度であった株価が、この日もまだ４７００円と低迷しています。

しかし、この日の寄り付きは久しぶりに高く、反発の気配が見られます。

場中の板を見ていると、大口の成約が「歩み値」からも見てとれます（②）。株価の推移を見ても、徐々に上値を追う動きで、理想的と言えます。

この日の売買代金は、ランキングの上位にあり、厚い板が人気のほどを表しています。

５分足のチャートを見てもわかりますが、株価はじり高の後に安定し、これを売り込む動

①ソニー(6758)の5分足チャート

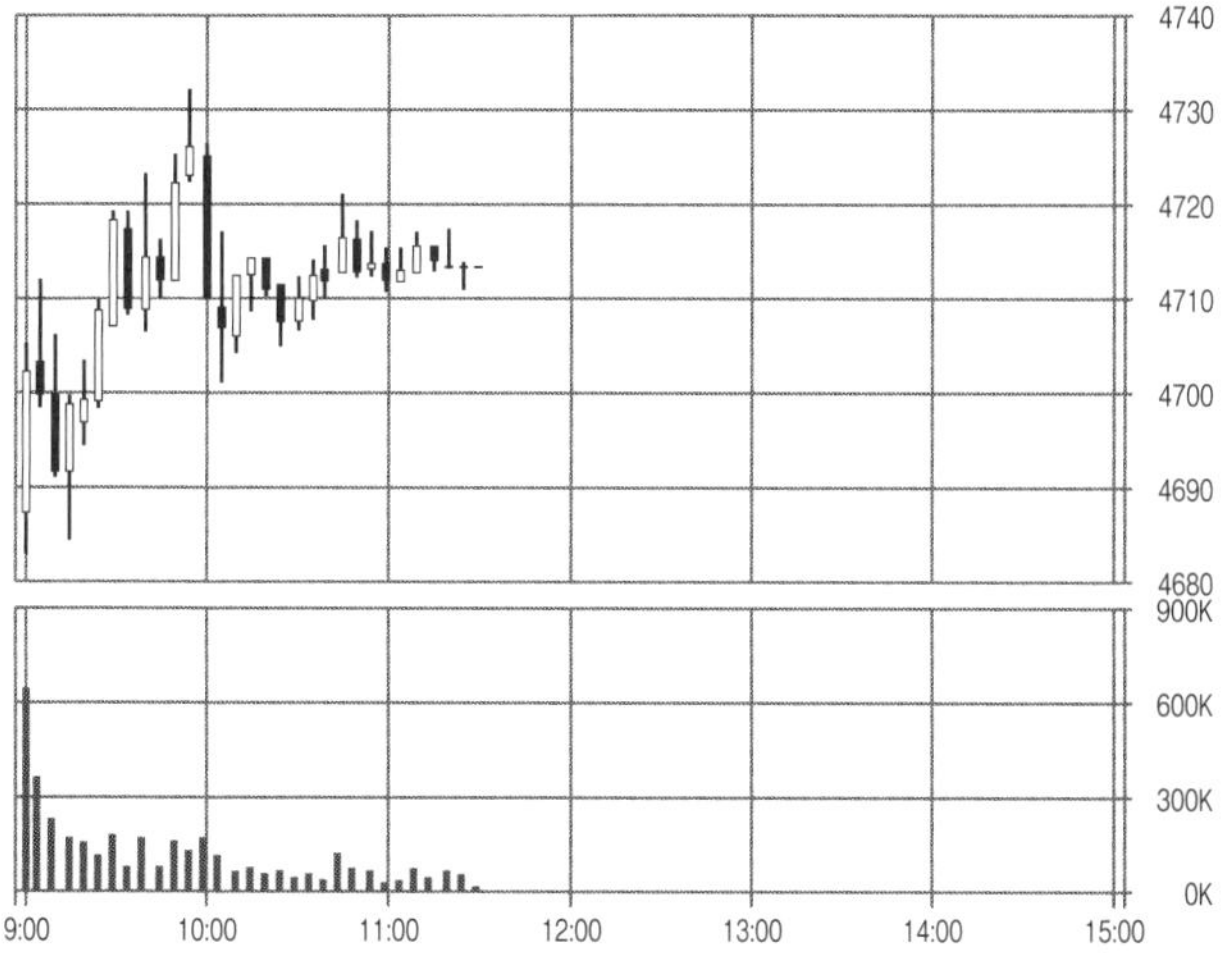

②ソニー(6758)の気配値と歩み値(11:16)

時刻	歩み値	約出来
11:16	4714	100
11:16	4715	100
11:16	4715	100
11:16	4714	600
11:16	4714	100
11:16	4714	1300
11:16	4714	100
11:16	4714	100
11:16	4714	100
11:16	4714	100
11:16	4715	100
11:16	4715	600
11:16	4715	500
11:16	4715	100
11:16	4715	100

始値	4687	09:00
高値	4732	09:58
安値	4682	09:00
終値	4680	04/02

−−	成行	−−
売	気配値	買
1002500	OVER	
3800	4724	
4000	4723	
8300	4722	
4800	4721	
11400	4720	
5600	4719	
5400	4718	
2200	4717	
4500	4716	
1700	4715	
	4714	1100
	4713	6100
	4712	7900
	4711	3900
	4710	7500
	4709	6000
	4708	5000
	4707	7100
	4706	5000
	4705	3900
	UNDER	442500

きは見られません（①）。
絶好の下値買い、含み益狙いの候補銘柄であることがわかります。
前引けもプラス圏で終わり、「買い意欲」

の強さを表しています（④）。

板の読み方で大切なことは、売買の注文の厚さ、歩み値で、大口の買い注文が順調に入っているかどうかです。

国際優良銘柄であるソニーは、個人投資家の注文だけではびくともしないので、大口の注

③ソニー（6758）の気配値と歩み値（11:29）

時刻	歩み値	約出来
11:29	4712	100
11:29	4712	500
11:29	4712	100
11:29	4712	100
11:29	4713	100
11:28	4713	100
11:28	4713	100
11:28	4713	200
11:28	4713	200
11:28	4713	1300
11:28	4713	400
11:28	4713	100
11:28	4713	1700
11:28	4713	1000
11:28	4714	300

始値	4687	09:00
高値	4732	09:58
安値	4682	09:00
終値	4680	04/02

ーー	成行	ーー
売	気配値	買
974800	OVER	
7100	4722	
3300	4721	
9800	4720	
6200	4719	
4800	4718	
3000	4717	
4300	4716	
3500	4715	
3700	4714	
2700	4713	
	4712	2300
	4711	4600
	4710	9800
	4709	4300
	4708	6100
	4707	5000
	4706	4600
	4705	4400
	4704	3900
	4703	1200
	UNDER	404500

④ソニー（6758）の気配値と歩み値（11:30）

時刻	歩み値	約出来
11:30	4713	4700
11:29	4713	300
11:29	4712	1600
11:29	4712	300
11:29	4713	500
11:29	4712	300
11:29	4711	100
11:29	4712	100
11:29	4712	900
11:29	4713	100
11:29	4712	200
11:29	4711	100
11:29	4712	200
11:29	4712	200
11:29	4712	100

始値	4687	09:00
高値	4732	09:58
安値	4682	09:00
終値	4680	04/02

ーー	成行	ーー
売	気配値	買
955000	OVER	
4700	4722	
1400	4721	
7400	4720	
3800	4719	
1600	4718	
500	4717	
1900	4716	
1300	4715	
2200	4714	
2100	4713	
	4712	2100
	4711	1200
	4710	5600
	4709	1500
	4708	3100
	4707	900
	4706	1600
	4705	1800
	4704	500
	4703	300
	UNDER	390700

文のバランスをしっかり掴み、株価の強さ、弱さを知ることが大切です。

上値に対して、成り行きと見られる買いが大口で入っているならば、先高観があると考えてよいでしょう。

東京市場でのプレーヤーの6割は外資の取引が占めています。

その意味では、ソニーは世界的な知名度が抜群であり、ファンドの投資家を呼び込むことでは格好の銘柄なのです。

ただ、ファンドはソニーばかりで運用しているわけではありません。

様々な銘柄やテーマに分散して、投資も効率を狙うのです。今、国際優良株と言える輸出関連が動いたかと言えば、次の瞬間には、資生堂、花王などのどちらかと言えば内需向きの銘柄が動いたりします。

いったい、資金がどこに向かっているかは、気配値や歩み値にリアルに現れますので、「今度はこの銘柄に来たな」ということで、資金の集中する「異変」をできるだけ早く察知することが、投資での成功を収める大切なノウハウとなります。

2 ＮＹ市場上げ、円安ドル高、改元ムードにどう動くか

前の週にＮＹ市場で大幅な値上がりがあり、さらに円安が進行したこともあり、この日は輸出関連の銘柄が元気に動くと予想しました。輸出と言えば、トヨタ（７２０３）が本命で、業績に関係なく短期で動きます。

朝からの気配を見ましょう。

朝一番の気配はやはり強く、前営業日に比べて62円高で出てきました（①）。

そのあとの気配も成り行きでの買いの気配が徐々に膨らみ、買い意欲の強さが伝わります。寄り付きは静かな値上がりだったので、「寄り天」というデイトレーダーにはおいしくない動きですが、なかなかの需給関係が出ています。

長期のチャートで見ると、トヨタのトレンドは決して良いものではなく、週足で下降トレンド、月足でも「調整」です（②）。

そのためか、少しの上げには「やれやれの売り」が出るところに、利益確定、こなれての

寄り付き後が高い動きが抑えられています。

しかし、この日は「新元号」発表の日でもあり、日本を代表する輸出産業、トヨタに買いが集まったようで、寄り付き後は利益確定をこなして、じ

①トヨタ(7203)の気配値と歩み値(08:00)

時刻	歩み値	約出来
−	−	−
−	−	−
−	−	−
−	−	−
−	−	−
−	−	−
−	−	−
−	−	−
−	−	−
−	−	−
−	−	−
−	−	−
−	−	−
−	−	−
−	−	−

始値	−−	−−
高値	−−	−−
安値	−−	−−
終値	6487	03/29

142000	成行	191800
売	気配値	買
1072500	OVER	
300	6561	
2800	6560	
2000	6559	
1300	6558	
300	6556	
600	6555	
42400	6554	
600	6553	
1100	6552	
212700 前	6550	
	6549	前 211300
	6522	1100
	6520	400
	6518	400
	6517	100
	6515	100
	6510	500
	6502	500
	6501	11000
	6500	11300
	UNDER	244100

②トヨタ(7203)の週足チャート

り高のチャートを示し、どのタイミングで購入しても、午前に限っては、利益が乗る展開になっています（⑥）。

このような銘柄で、板を見ながらトレードできるのは、それほどないことであり、ここで実況中継しているときに選んだ銘柄としても安堵しています。

③トヨタ（7203）の気配値と歩み値（08:58）

時刻	歩み値	約出来
–	–	–
–	–	–
–	–	–
–	–	–
–	–	–
–	–	–
–	–	–
–	–	–
–	–	–
–	–	–
–	–	–
–	–	–
–	–	–
–	–	–
–	–	–

始値	––	––
高値	––	––
安値	––	––
終値	6487	03/29

185700	成行	351300
売	気配値	買
1397000	OVER	
1500	6575	
700	6574	
500	6573	
1900	6572	
1200	6571	
5500	6570	
4200	6569	
1700	6568	
1000	6567	
394100 前	6566	
	6565	前 391600
	6562	3200
	6561	200
	6560	3500
	6559	500
	6558	600
	3557	500
	6556	500
	6555	600
	6554	600
	UNDER	462300

④トヨタ（7203）の気配値と歩み値（09:00）

時刻	歩み値	約出来
09:00	6585	800
09:00	6585	1200
09:00	6584	200
09:00	6583	100
09:00	6582	200
09:00	6582	200
09:00	6583	100
09:00	6584	300
09:00	6582	500
09:00	6583	400
09:00	6584	500
09:00	6585	300
09:00	6589	500
09:00	6585	300
09:00	6585	100

始値	6571	09:00
高値	6594	09:00
安値	6568	09:00
終値	6487	03/29

––	成行	––
売	気配値	買
1222900	OVER	
1000	6592	
600	6591	
600	6590	
600	6589	
600	6588	
900	6587	
400	6586	
2000	6585	
200	6584	
100	6583	
	6582	300
	6581	900
	6580	400
	6579	600
	6578	500
	6577	2800
	6576	1400
	6575	1400
	6574	4400
	6573	3800
	UNDER	384600

「困ったらトヨタ」、「円安にはトヨタ」というのが常道かと思います。

これは、株式投資において、ハイリスクからローリスクにする方法ですが、「勝ってなんぼ」の世界では、マイナスは気分のいいものではありません。

⑤トヨタ(7203)の気配値と歩み値(09:04)

時刻	歩み値	約出来
09:04	6585	300
09:04	6584	300
09:04	6585	200
09:04	6585	100
09:04	6586	100
09:04	6586	100
09:04	6586	100
09:04	6586	200
09:04	6586	100
09:04	6586	400
09:04	6587	100
09:04	6588	100
09:04	6587	500
09:04	6587	900
09:04	6585	100

始値	6571	09:00
高値	6594	09:00
安値	6557	09:01
終値	6487	03/29

ーー	成行	ーー
売	気配値	買
1197800	OVER	
7700	6596	
8900	6595	
45000	6594	
4700	6593	
2100	6592	
4800	6591	
7000	6590	
8800	6589	
7800	6588	
900	6587	
	6585	200
	6584	400
	6583	900
	6582	800
	6581	1100
	6580	1400
	6579	1000
	6578	2200
	6577	2200
	6576	5600
	UNDER	419800

⑥トヨタ(7203)の5分足チャート(10:02)

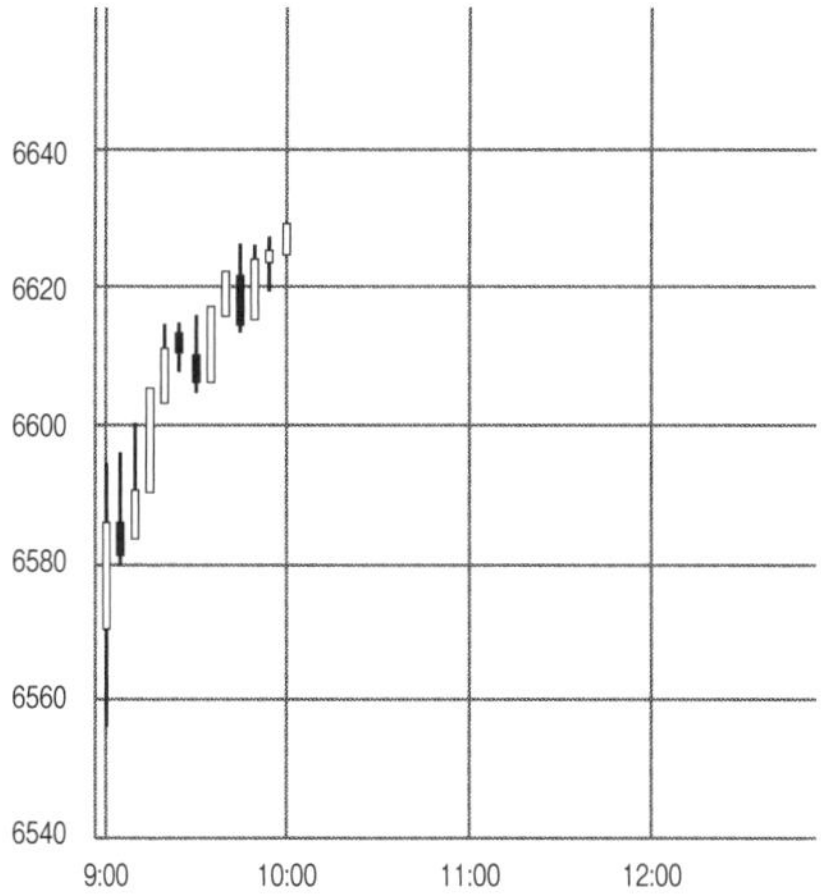

3 強い銘柄の終値近辺の攻防は

全体が調整の中で、比較的強いのが、内需、ディフェンシブ銘柄の好業績、連続増配の花王（4452）です。この銘柄は長期的に業績が安定していますので、「押し目は買い」のスタンスで臨むことができます。

リアルタイムの板情報を見ると、株価は上げ下げしながらも、終日プラス圏に維持し、吹き値売り、押し目買いの小刻みな動きが見られます。人気銘柄にありがちな「アルゴリズムの売買」が目立ちますが、この出来高では、個人投資家の売買が多いように思われます。

売り買いともに、大した注文はなく、ほどほど上値には、ときどきやや多い売り物がありますが、これをクリアできれば押し目形成という動きが繰り返されています。

この板では、「深追い禁物。少し下げてきたところを仕込み、上げてきたら売り」の繰り返しが比較的成功しやすいのです。

株価は上に下に蛇行しながら、方向は上に推移しています。板を見ても、リアルタイムで見ると、徐々に上値をとってきていることがわかります。

ＵＮＤＥＲとＯＶＥＲのバランスを見ると、売り希望をあらわすＯＶＥＲのほうが明らかに多いことは間違いありませんが、それでも人気化を背景にして買われています。ただ、成り行きでの買いが強くなく、株価が一気の「上値追い」の状況にならないと、しびれを切

①花王(4452)の気配値と歩み値(13:47)

時刻	歩み値	約出来
13:47	8773	300
13:47	8773	100
13:47	8774	500
13:47	8775	300
13:46	8774	400
13:46	8774	300
13:46	8773	200
13:46	8773	300
13:46	8773	300
13:45	8771	100
13:45	8771	100
13:45	8773	500
13:45	8774	200
13:45	8774	200
13:45	8775	1300

始値	8693	09:00
高値	8794	13:09
安値	8642	09:00
終値	8718	03/26

−−	成行	−−
売	気配値	買
173000	OVER	
1200	8783	
1100	8482	
800	8781	
1100	8780	
900	8779	
800	8778	
1000	8777	
1300	8776	
400	8775	
300	8774	
	8773	200
	8772	800
	8771	1300
	8770	1400
	8769	900
	8768	1200
	8767	1600
	8765	1100
	8764	2300
	UNDER	96000

②花王(4452)の気配値と歩み値(14:07)

時刻	歩み値	約出来
14:07	8778	300
14:06	8778	100
14:06	8778	500
14:06	8778	300
14:06	8778	400
14:06	8778	300
14:06	8777	200
14:06	8777	300
14:06	8777	300
14:05	8776	100
14:05	8776	100
14:05	8776	500
14:05	8776	200
14:05	8776	200
14:05	8776	1300

始値	8693	09:00
高値	8794	13:09
安値	8642	09:00
終値	8718	03/26

−−	成行	−−
売	気配値	買
170600	OVER	
1300	8787	
900	8786	
700	8785	
900	8784	
1200	8783	
1300	8782	
800	8781	
1200	8780	
1000	8779	
300	8778	
	8777	700
	8776	600
	8775	1300
	8774	800
	8773	1200
	8772	2800
	8771	1200
	8770	1500
	8769	1000
	8768	900
	UNDER	102500

らした売りが出てきて、株価が若干、下押す場面もあります（③）。

それでも、人気銘柄の特徴で、下値にはすかさず買いが入り、株価は上に行きます（④）。この人気銘柄の大引けですが、極めて目立った出来高を伴い、引け前の攻防はすさまじく、この日の高値近辺で引けています（⑤）。

③花王(4452)の気配値と歩み値(14:18)

時刻	歩み値	約出来
14:18	8769	100
14:18	8770	100
14:18	8770	100
14:18	8770	400
14:18	8770	1200
14:16	8771	300
14:16	8772	1000
14:16	8773	100
14:16	8774	300
14:15	8774	200
14:15	8774	300
14:15	8775	100
14:15	8775	100
14:15	8774	200
14:15	8774	100

始値	8693	09:00
高値	8794	13:09
安値	8642	09:00
終値	8718	03/26

ーー	成行	ーー
売	気配値	買
175500	OVER	
1200	8779	
900	8778	
1000	8777	
1400	8776	
1000	8775	
1300	8774	
800	8773	
1300	8772	
800	8771	
2200	8770	
	8768	200
	8767	800
	8766	1000
	8765	2600
	8764	1500
	8763	800
	8762	1200
	8761	800
	8760	2100
	8759	600
	UNDER	94900

④花王(4452)の気配値と歩み値(14:32)

時刻	歩み値	約出来
14:32	8772	300
14:32	8773	500
14:32	8774	200
14:31	8775	400
14:31	8774	100
14:31	8774	100
14:31	8774	100
14:31	8774	600
14:31	8774	100
14:31	8775	200
14:31	8773	100
14:31	8773	400
14:31	8773	100
14:31	8771	100
14:30	8772	200

始値	8693	09:00
高値	8794	13:09
安値	8642	09:00
終値	8718	03/26

ーー	成行	ーー
売	気配値	買
173000	OVER	
800	8782	
1000	8781	
2200	8780	
1100	8779	
1100	8778	
1500	8777	
1000	8776	
800	8775	
1000	8774	
500	8773	
	8771	300
	8770	700
	8769	1800
	8768	1500
	8767	1400
	8766	800
	8765	900
	8764	1500
	8763	900
	8762	800
	UNDER	99200

この板の動きから花王には人気が集まっていて、今後も強い動きが期待できそうです。
この日の大引け後の5分足で見ても、人気のほどがわかります（⑥）。

⑤花王（4452）の気配値と歩み値（15:00）

時刻	歩み値	約出来
15:00	8786	445700
14:59	8787	100
14:59	8791	100
14:59	8791	100
14:59	8788	100
14:59	8788	100
14:59	8789	100
14:59	8792	400
14:59	8789	400
14:59	8789	400
14:59	8788	400
14:59	8789	100
14:59	8791	100
14:59	8790	300
14:59	8790	1100

始値	8693	09:00
高値	8794	13:09
安値	8642	09:00
終値	8718	03/26

ーー	成行	ーー
売	気配値	買
153400	OVER	
500	8801	
20900	8800	
800	8799	
500	8798	
300	8797	
200	8796	
1700	8795	
1200	8794	
1100	8793	
5700	8792	
	8782	200
	8781	300
	8780	100
	8779	100
	8778	200
	8777	200
	8776	1000
	8775	100
	8773	800
	8771	700
	UNDER	123900

⑥花王（4452）の5分足チャート

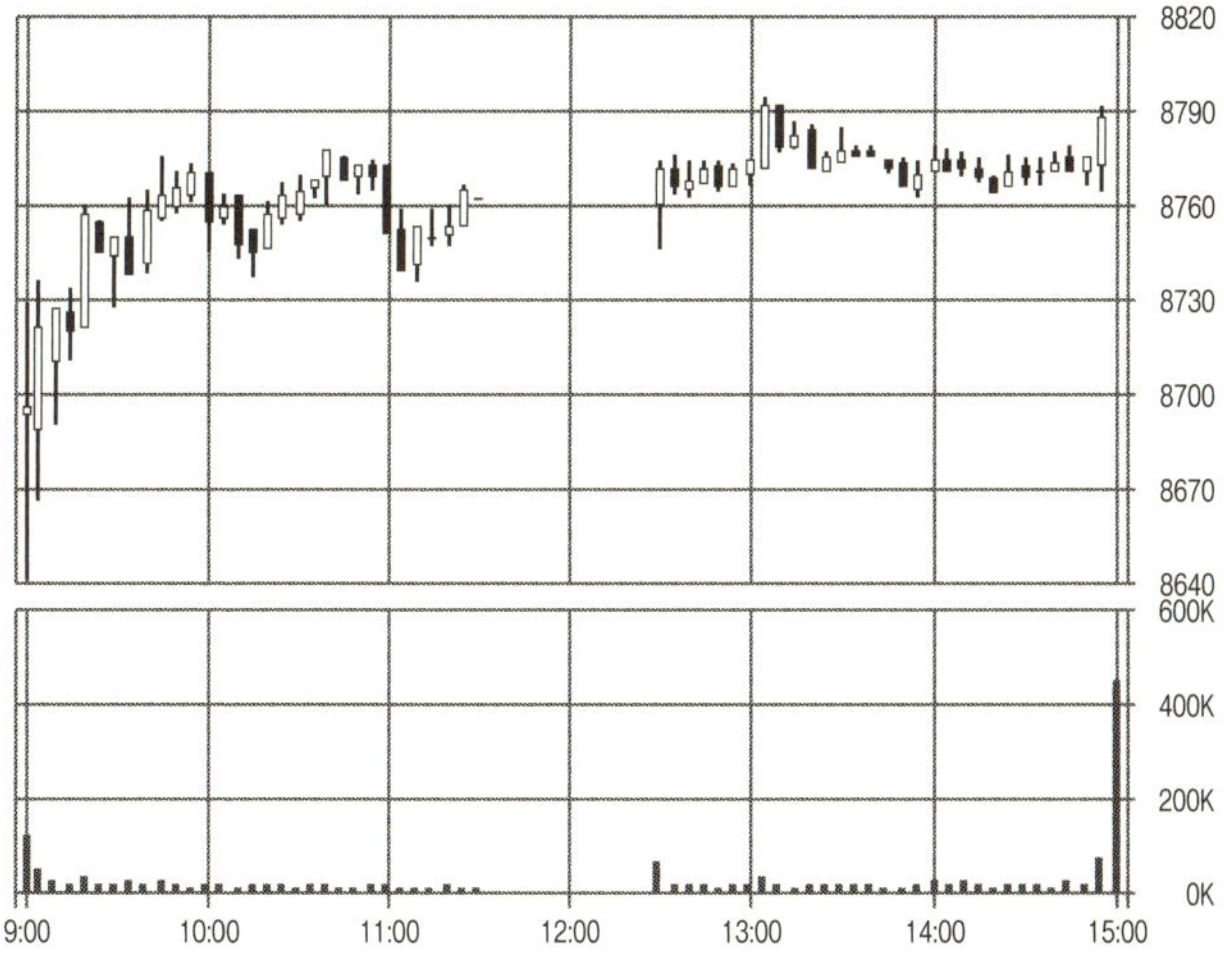

4 寄り付き前と寄り付き後の動きを監視して

ＮＹ相場や円安がＩＴ関連のソフトバンクＧ（９９８４）にどのように影響するのかは悩むところですが、全体相場が弱そうなので、東証の代表銘柄であるソフトバンクＧの寄り付きの気配を追ってみました。

寄り付き前の気配では、全体に合わせて強い気配です（①）。

問題はそのあとの気配では売りも増えてきて、「寄り付きで売り、ほかを買う」動きも感じられます。

しかし、いざ寄り付きは、前日の終値１０７４５円からびっくりの２３５円高い１０９８０円の始値。強い強い（②）。

ただ、問題はこのままでいくのかをしばらく追っていくと、「やはりかな」という感じ。

相場は寄り付き高の利益確定に押されて、じりじりと下げていってしまいました。

ただ、この日の動きは、一時的な押しはあったが、日中は１８５円程度の上げを保ち、強い人気銘柄の本領を発揮しているかに見えます。

ただ、日計り商いを目指す人には、朝からのじりじりの下げは「怖い思い」をすることになり、株価の動きとしては、心地良いものではないと言えます。

①ソフトバンクG(9984)の気配値と歩み値(08:59)

時刻	歩み値	約出来
−	−	−
−	−	−
−	−	−
−	−	−
−	−	−
−	−	−
−	−	−
−	−	−
−	−	−
−	−	−
−	−	−
−	−	−
−	−	−
−	−	−
−	−	−

始値	−−	−−
高値	−−	−−
安値	−−	−−
終値	10745	03/29

79900	成行	251100
売	気配値	買
505400	OVER	
7300	11045	
2800	11040	
1700	11035	
5600	11030	
1700	11025	
7400	11020	
1000	11015	
2500	11010	
2100	11005	
320000 前	11000	
	10995	前 269600
	10955	200
	10950	500
	10945	600
	10935	100
	10930	300
	10925	300
	10910	800
	10905	1000
	10900	9200
	UNDER	491700

②ソフトバンクG(9984)の気配値と歩み値(09:01)

時刻	歩み値	約出来
09:01	10940	400
09:01	10930	300
09:01	10935	1100
09:01	10935	100
09:01	10925	1000
09:01	10930	100
09:01	10930	800
09:01	10925	300
09:01	10925	100
09:01	10925	500
09:01	10915	100
09:01	10925	100
09:01	10915	200
09:01	10925	100
09:01	10925	100

始値	10980	09:00
高値	11000	09:00
安値	10910	09:01
終値	10745	03/29

	成行	
売	気配値	買
664300	OVER	
3700	10985	
4400	10980	
1800	10975	
4300	10970	
2200	10965	
3500	10960	
1300	10955	
2800	10950	
1400	10945	
700	10940	
	10930	600
	10925	1200
	10920	1000
	10915	2900
	10910	2900
	10905	6100
	10900	9500
	10895	5200
	10890	3000
	10885	3900
	UNDER	449600

5 本来はディフェンシブ銘柄の動きを板から読む

円安傾向で輸出関連が活況な相場。本来、ディフェンシブ関連の資生堂（4911）までNY相場の活況の影響は及ぶのでしょうか。

朝一の寄り付き前の板を見ると、さすがに弱い（①）。前営業日の終値が7987円だったのに対して7915円辺りの買い気配で、若干低い気配で始まりそうな様相です。

成り行きのバランスを見ても、売りのほうが成り行きもOVERも多く、輸出関連への乗り換えの動きが透けて見えます。

寄り付き直前の板でも、売りのほうが重くのしかかり、買いには特段の動きは見られません（②）。

さて、いざ寄り付きです（③）。

開けてビックリ、寄り付きは高く推移しています。8000円すら上回って買い優勢の様相です。

輸出関連が高く寄り付くのを嫌い、この銘柄に資金が回ってきたようです。

ただ、寄り付き後の様子を見ていると、売りが湧いてきて、株価は下押しです。しかし、見直し買いも入り、株価はマイナスからプラスに浮上。その経過は5分足チャートにも顕著に表れています（④）。

①資生堂(4911)の気配値と歩み値(08:30)

時刻	歩み値	約出来
－	－	－
－	－	－
－	－	－
－	－	－
－	－	－
－	－	－
－	－	－
－	－	－
－	－	－
－	－	－
－	－	－
－	－	－
－	－	－
－	－	－
－	－	－

始値	－－	－－
高値	－－	－－
安値	－－	－－
終値	7987	03/29

142800	成行	113100
売	気配値	買
135800	OVER	
100	8021	
1900	8020	
200	8018	
100	8012	
200	8010	
100	8009	
1800	8000	
100	7990	
300	7987	
147200前	7916	
	7915	前 147300
	7913	200
	7912	200
	7910	100
	7902	100
	7901	100
	7900	5600
	7890	100
	7889	100
	7888	800
	UNDER	58000

②資生堂(4911)の気配値と歩み値(08:58)

時刻	歩み値	約出来
－	－	－
－	－	－
－	－	－
－	－	－
－	－	－
－	－	－
－	－	－
－	－	－
－	－	－
－	－	－
－	－	－
－	－	－
－	－	－
－	－	－
－	－	－

始値	－－	－－
高値	－－	－－
安値	－－	－－
終値	7987	03/29

185400	成行	168100
売	気配値	買
143100	OVER	
100	8015	
1000	8014	
100	8012	
400	8010	
3100	8000	
200	7997	
100	7990	
1400	7987	
100	7985	
220100前	7977	
	7976	前 205400
	7975	1100
	7973	100
	7971	100
	7970	700
	7968	200
	7966	100
	7963	200
	7962	700
	7960	300
	UNDER	73700

この銘柄の人気度、インバウンド上の強さが見てとれます。信用の取り組みも「0・45」と、圧倒的な「売り長」であり、下値では信用の買い戻しの動きがあるのでしょう。

目の離せない板の動きです。

寄り付き前の気配値と寄り付き後の株価の様相が異なった要因を検証しましょう。

③資生堂（4911）の気配値と歩み値（09:00）

時刻	歩み値	約出来
09:00	8048	100
09:00	8055	100
09:00	8054	100
09:00	8054	200
09:00	8057	200
09:00	8050	200
09:00	8055	100
09:00	8056	100
09:00	8057	100
09:00	8059	100
09:00	8058	100
09:00	8059	200
09:00	8058	500
09:00	8053	300
09:00	8052	100

始値	8030	09:00
高値	8062	09:00
安値	8030	09:00
終値	7987	03/29

−−	成行	−−
売	気配値	買
136000	OVER	
700	8065	
800	8064	
1000	8063	
500	8062	
100	8061	
400	8060	
200	8059	
200	8058	
300	8057	
700	8055	
	8047	400
	8046	800
	8045	200
	8044	200
	8043	300
	8042	900
	8041	600
	8040	500
	8039	900
	8038	1600
	UNDER	174000

④資生堂（4911）の5分足チャート（11:30）

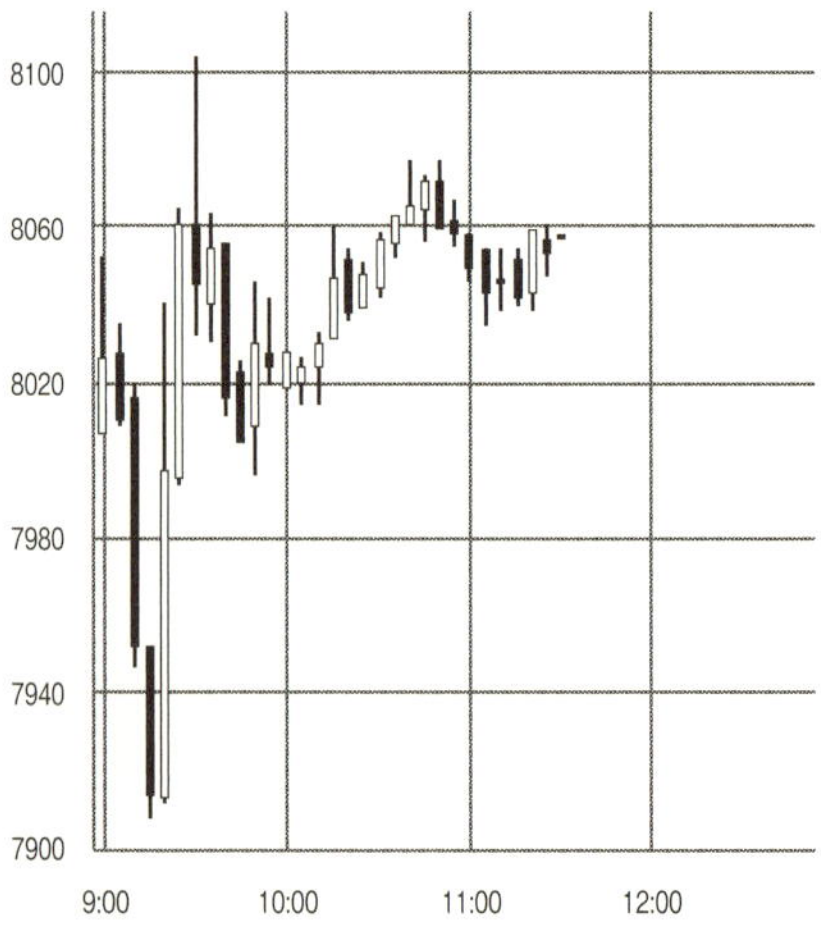

資生堂にはカラ売りが多く入っていることは述べました。「売り筋」からすれば、NYのダウ平均の動きがハイテク関連が高かったので、内需の傾向が強いこの銘柄は、この日はあまり買われないと予想して、できれば「安値」に誘導して、「買い戻し」決済したいところです。そのために、寄り付き前に見られる大きな「売り板」は、「見せ板」の疑いがあります。売り注文を多めに出しておき、売りを誘い、そのタイミングでカラ売りを返済したいとの意図がこの板からは透けて見えます。

市場には騙しあいの傾向がありますので、この板の変化は冷静に読みましょう。

寄り付き前に比べて、寄り付きが高いということは、相変わらず買い需要が高いことを示しており、カラ売り筋に対しての「締め上げ」の意図が透けて見えます。

そうなれば、カラ売り筋は高値で買い戻しを余儀なくされますので、株価は「カラ売り返済の買い」が多くなり、輸出銘柄に流れが行ったときでも、「意図せざる買い→株価上昇」が増えるのです。

このように、信用倍率が拮抗している銘柄は、売り方、買い方のせめぎあいで株価が形成されますので、その事情をしっかり読んで、板の動き、歩み値の変化を読み切ることが大切です。

6 材料株が朝からどのような動きになるか

さて、材料株が朝から、どのような動きになるのか、朝一の気配値から追ってみましょう。タカラバイオ（４９７４）は、一部上場のバイオ関連の銘柄です。ときどき材料が出ては、極端な動きをすることで有名な銘柄です。もっとも、バイオ関連の銘柄は、どの銘柄であっても、材料だけが命、業績は二の次、という面があることは否めません。

さて、この日の朝は寄り付き前に、タカラバイオ関連の材料が出て注目されました。内容は、切除不能・転移性メラノーマを対象にした治療薬の申請のニュースです。これに飛びついた向きの買いがすさまじく、寄り付き前から多くの買いが集まりました。

寄り付き前の気配は、前営業日が２５００円台であったのに、２９００円に迫る勢いです（①②）。

場が開くと、案の定「買い気配」。気配値は何度も上がり、値が付かない状況（③）。バイオ関連の人気銘柄の特徴を表しています。

ようやく値が付いたのは２８１３円。２４６円高く始まりました（④）。

しかし、そのあとは利益確定の早耳筋の動きでしょうか、早くもジリ貧です（⑤）。

この寄り付きの板の動きでもわかるように、ニュースが出たときの株価は「知ったらお仕舞い」の格言通りに、「売りチャンス」となってしまっているのです。

①タカラバイオ(4974)の気配値と歩み値(08:50)

時刻	歩み値	約出来
–	–	–
–	–	–
–	–	–
–	–	–
–	–	–
–	–	–
–	–	–
–	–	–
–	–	–
–	–	–
–	–	–
–	–	–
–	–	–
–	–	–
–	–	–

始値	––	––
高値	––	––
安値	––	––
終値	2567	03/29

80600	成行	163300
売	気配値	買
243200	OVER	
1400	2845	
1300	2841	
1200	2840	
1400	2835	
100	2830	
200	2829	
2000	2825	
500	2821	
2900	2820	
206300	2817	
	2817	特 216800
	2811	100
	2810	2400
	2806	500
	2805	700
	2801	200
	2800	4800
	2797	100
	2795	100
	2791	500
	UNDER	135300

②タカラバイオ(4974)の気配値と歩み値(08:56)

時刻	歩み値	約出来
–	–	–
–	–	–
–	–	–
–	–	–
–	–	–
–	–	–
–	–	–
–	–	–
–	–	–
–	–	–
–	–	–
–	–	–
–	–	–
–	–	–
–	–	–

始値	––	––
高値	––	––
安値	––	––
終値	2567	03/29

48200	成行	97700
売	気配値	買
243200	OVER	
1400	2958	
1300	2951	
1200	2950	
1400	2940	
100	2938	
200	2930	
2000	2920	
500	2910	
2900	2902	
206300	2900	
	2899	前 128400
	2890	1400
	2880	600
	2875	500
	2870	100
	2868	100
	2867	500
	2865	700
	2861	200
	2860	700
	UNDER	114700

この例から売買のタイミングについて、しっかり学びたいところです。

寄り付き後の板の株価変動を見てもわかるように、株価は売りに押されて、下を向いてしまっています。売りの枚数もＯＶＥＲのデータが次第に増えています。

この動きから、これ以上の高値は「知ったらお仕舞い」ということで、さらなる新しい情

③タカラバイオ(4974)の気配値と歩み値(09:02)

時刻	歩み値	約出来
－	－	－
－	－	－
－	－	－
－	－	－
－	－	－
－	－	－
－	－	－
－	－	－
－	－	－
－	－	－
－	－	－
－	－	－
－	－	－
－	－	－
－	－	－

始値	－－	－－
高値	－－	－－
安値	－－	－－
終値	2567	03/29

59200	成行	127700
売	気配値	買
265300	OVER	
100	2635	
7200	2631	
500	2630	
300	2628	
100	2624	
700	2623	
5100	2621	
100	2620	
600	2619	
89700	2617	
	2617	特 212100
	2616	200
	2615	200
	2610	1600
	2601	2000
	2600	7200
	2598	300
	2597	100
	2594	100
	2592	200
	UNDER	79300

④タカラバイオ(4974)の気配値と歩み値(09:15)

時刻	歩み値	約出来
09:15	2813	100
09:15	2813	100
09:15	2813	100
09:15	2810	200
09:15	2811	100
09:15	2811	100
09:15	2811	600
09:15	2812	400
09:15	2814	100
09:15	2814	300
09:15	2814	100
09:15	2814	100
09:15	2815	100
09:15	2815	200
09:15	2815	300

始値	2817	09:12
高値	2824	09:12
安値	2785	09:13
終値	2567	03/29

－－	成行	－－
売	気配値	買
307300	OVER	
1200	2822	
2500	2821	
6100	2820	
2800	2819	
700	2818	
900	2817	
300	2816	
500	2815	
100	2814	
100	2813	
	2810	1600
	2809	200
	2808	300
	2807	200
	2806	700
	2805	300
	2804	700
	2803	400
	2802	600
	2801	1300
	UNDER	145700

報が出てこない限り期待薄。

　買いから入った人は、損が膨らまないうちに、早期の撤退が賢いトレードの考え方と言えるでしょう。タカラバイオに関する限りは、「治験薬申請」が一つの、当面の山であり、このニュースで買いに回ること自体が失敗になるのです。

⑤タカラバイオ(4974)の気配値と歩み値(09:43)

時刻	歩み値	約出来
09:43	2730	200
09:43	2730	200
09:43	2730	200
09:43	2731	100
09:43	2731	300
09:43	2730	300
09:43	2729	100
09:43	2728	100
09:43	2726	100
09:43	2727	100
09:43	2726	100
09:43	2725	300
09:42	2725	200
09:42	2722	200
09:42	2725	100

始値	2817	09:12
高値	2826	09:16
安値	2707	09:25
終値	2567	03/29

ーー	成行	ーー
売	気配値	買
397000	OVER	
600	2741	
3200	2740	
400	2739	
400	2738	
600	2737	
400	2736	
2300	2735	
400	2734	
800	2733	
200	2732	
	2728	300
	2727	1600
	2726	200
	2725	200
	2724	400
	2723	1100
	2722	600
	2721	1000
	2720	800
	2719	2200
	UNDER	140300

　トレードでは「さらなる高値」を狙って入っても、結果が悪ければ撤退して、ほかの銘柄で「再度挑戦」の柔軟な考え方も大切です。

　ここにはデータはありませんが、そのあとの日足の推移を見ますと、３１５０円で高値を付けて、そのあとはじり貧となり、２０００円近辺の25日移動平均線、さらには75日移動平均線に向かい、下落しています。

　トレードでは、失敗と分かった時点で素早く「仕切り直し」の決断ができる人が、トータルで勝つことができるのです。

7 後場寄り付きでの取り組みは……

ここでは、商船三井（９１０４）に挑んでみましょう。

造船は長期的な設備投資のしすぎで業績も良くなく、人気の圏外にありました。ところが、得意のタンカーやバラ積み船の想定長の好調で、業績も急回復。ここにきても、日足でわかるように、きれいな陽線で株価に元気があります（①）。トレンドも高値更新で、先の高値に届く勢い。

株式投資は需給の良い銘柄にお金を向けるのが一番効果的だからです。どこかで上値限界があると思われますが、それは板を読み、歩み値を見ながら、肌で感じることが大切です。

歩み値を見ますと、それほど大口からの注文はあまり入っていないようなので（②）、日足でもわかりますように上げの始まり。

後場寄り付き前の気配値を見ますと、前場の株価よりも注文が厚く集まる様相が板に見ら

①商船三井(9104)の日足チャート

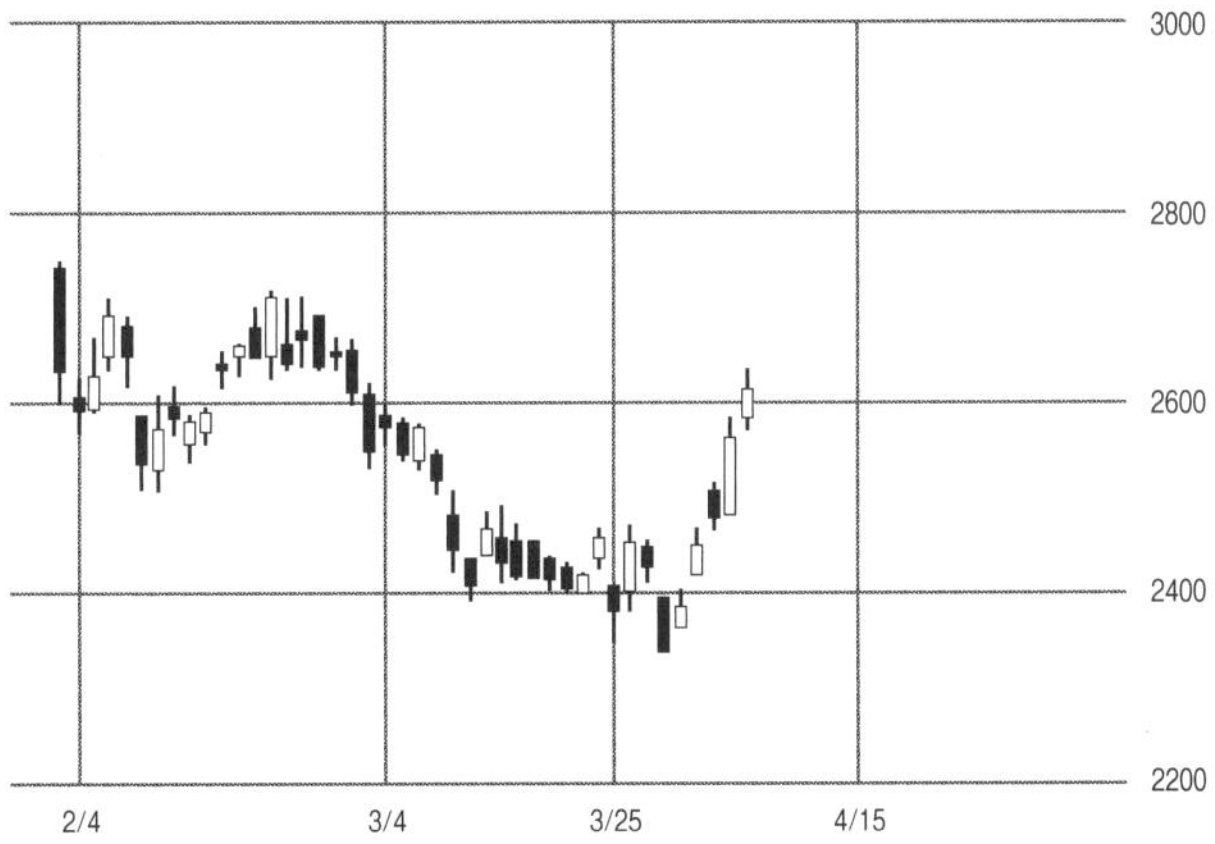

②商船三井(9104)の気配値と歩み値(09:36)

時刻	歩み値	約出来
09:36	2648	900
09:36	2647	100
09:36	2648	100
09:36	2646	300
09:36	2647	500
09:36	2649	900
09:36	2648	100
09:36	2648	100
09:36	2649	100
09:35	2647	100
09:35	2648	100
09:35	2648	100
09:35	2648	100
09:35	2647	300
09:35	2647	800

始値	2610	09:00
高値	2650	09:34
安値	2609	09:00
終値	2613	04/04

ーー	成行	ーー
売	気配値	買
128200	OVER	
1600	2658	
8200	2657	
3700	2656	
5100	2655	
3000	2654	
2900	2653	
2400	2652	
2800	2651	
8800	2650	
4100	2649	
	2647	900
	2646	600
	2645	700
	2644	1400
	2643	1700
	2642	2900
	2641	2600
	2640	3400
	2639	8300
	2638	1400
	UNDER	157000

れて、この先の展開が楽しみです（③④）。

今後、大口の参入を期待したい動きです。

過剰船舶ということで、バラ積み船関連の銘柄には、マイナスのイメージしかありませんでしたが、アメリカや東南アジアの好景気などを背景に、意外や意外。

関連の商船三井の業績は、悪いどころか良いのです。

機関投資家はこういうところにも目を付けてきますので、買いが多くなってきます。

先程の9時過ぎの気配値（②）を見てもわかるように、8000株などの株数も見られる

③商船三井（9104）の気配値と歩み値（12:27）

時刻	歩み値	約出来
11:30	2657	2100
11:29	2658	100
11:29	2657	400
11:29	2657	200
11:29	2657	200
11:29	2654	100
11:29	2657	100
11:29	2656	100
11:29	2655	600
11:29	2655	400
11:29	2657	200
11:29	2654	100
11:29	2657	100
11:29	2657	100
11:29	2655	100

始値	2610	09:00
高値	2658	11:29
安値	2609	09:00
終値	2613	04/04

7900	成行	20300
売	気配値	買
97900	OVER	
1100	2670	
1600	2669	
400	2668	
400	2667	
700	2666	
2300	2665	
1000	2664	
2900	2663	
1000	2662	
23400 前	2661	
	2660	前 23000
	2655	100
	2654	200
	2653	600
	2652	1500
	2651	2900
	2650	2400
	2649	900
	2648	1200
	2647	600
	UNDER	92000

④商船三井（9104）の気配値と歩み値（12:29）

時刻	歩み値	約出来
11:30	2657	2100
11:29	2658	100
11:29	2657	400
11:29	2657	200
11:29	2657	200
11:29	2654	100
11:29	2657	100
11:29	2656	100
11:29	2655	600
11:29	2655	400
11:29	2657	200
11:29	2654	100
11:29	2657	100
11:29	2657	100
11:29	2655	100

始値	2610	09:00
高値	2658	11:29
安値	2609	09:00
終値	2613	04/04

7900	成行	20800
売	気配値	買
97100	OVER	
500	2672	
1500	2671	
1100	2670	
1600	2669	
500	2668	
500	2667	
800	2666	
3500	2665	
3100	2664	
23500 前	2663	
	2662	前 23400
	2657	400
	2656	100
	2655	1600
	2654	700
	2653	600
	2652	1500
	2651	2900
	2650	2400
	2649	1100
	UNDER	98300

ので、機関投資家などの大口も少しは入ってきています。

後場寄り付き前の気配値を見ても（④）、売買の数字が膨らみ、次第に人気が出てきていることがわかります。

トレードでは、売買が盛んに行なわれている銘柄が対象として好ましいわけであり、利益をとるチャンスも大きくなるのです。

⑤商船三井(9104)の気配値と歩み値(12:32)

時刻	歩み値	約出来
12:32	2666	100
12:32	2666	100
12:32	2666	100
12:32	2666	400
12:32	2667	500
12:32	2667	200
12:32	2667	100
12:31	2666	300
12:31	2666	100
12:31	2666	100
12:31	2666	500
12:31	2665	100
12:31	2665	100
12:31	2665	1700
12:31	2667	100

始値	2610	09:00
高値	2669	12:30
安値	2609	09:00
終値	2613	04/04

－－	成行	－－
売	気配値	買
129300	OVER	
900	2676	
3200	2675	
7200	2674	
2500	2673	
2200	2672	
2800	2671	
2500	2670	
1700	2669	
3200	2668	
600	2667	
	2666	1200
	2665	2200
	2664	2100
	2663	1500
	2662	1400
	2661	1600
	2660	3500
	2659	3100
	2658	1900
	2657	6200
	UNDER	135500

大切なのは、「歩み値」の動きを見ることで、後場寄り付きから12時32分の間にも、たくさんの売買が行なわれて、活発な商いがあることがわかります（⑤）。

大型の銘柄なので、値動きは大きくはありませんが、倒産の恐れもなく、そこそこの値動きがあるのは、好ましいわけなのです。

大きく値幅を取ることも大切ですが、確実に利益を積み重ねるのも、トレードの大切なセオリーです。

8 朝の寄り付きに新興市場を見る

新興市場の銘柄は、上場の基準が緩いのと、将来性に期待する企業群なので、「赤字は当たり前」「配当なし当然」という考え方で投資します。これは、新興銘柄に対する独特のスタンスであり、リスク許容度のある個人投資家が好む銘柄です。

株価が半分やゼロになっても構わないが、倍、5倍になるのがたまらないというわけです。そのために、少しの材料でも「買い、売り」が集まるので、ストップ高は珍しくありません。

シリコンスタジオ（３９０７）は、３ＤＣＧのゲーム関連の銘柄ですが、チャート的にも、ここにきて急動意を見せる人気の銘柄です。

この日の寄り付き前の気配値では、圧倒的な買いで、株価がギャップアップの見込みです。東京市場が開けること、24分経過、ようやく気配値を何回も変更して、「売り買いのバランス」ができあがり、いきなり４５８円の前引け比高値で寄り付きました（④）。

ものすごい上げの様相で、おそらく５０３円上げのストップ高は時間の問題でしょう。板を確認する間もなく、約1分後にはストップ高気気配となってしまいました（⑥）。

この銘柄の材料と言えば、19年11月の第一四半期で最終損益が黒字化するというものです。

大変好ましい情報ですが、板を読みながらの素早い対応が、ストップ高になる前に仕込めるかどうかの差になります。

①シリコンスタジオ（3907）**の気配値と歩み値**（08:58）

時刻	歩み値	約出来
–	–	–
–	–	–
–	–	–
–	–	–
–	–	–
–	–	–
–	–	–
–	–	–
–	–	–
–	–	–
–	–	–
–	–	–
–	–	–
–	–	–
–	–	–

始値	––	––
高値	––	––
安値	––	––
終値	2742	04/05

19100	成行	72000
売	気配値	買
7200	OVER	
300	3190	
1000	3180	
400	3170	
500	3165	
2900	3160	
100	3155	
5800	3150	
500	3145	
200	3120	
44200	3115	
	3115	特 78500
	3110	1100
	3105	100
	3100	2000
	3095	100
	3090	100
	9080	100
	3065	100
	3060	200
	3055	700
	UNDER	66700

②シリコンスタジオ（3907）**の気配値と歩み値**（08:59）

時刻	歩み値	約出来
–	–	–
–	–	–
–	–	–
–	–	–
–	–	–
–	–	–
–	–	–
–	–	–
–	–	–
–	–	–
–	–	–
–	–	–
–	–	–
–	–	–
–	–	–

始値	––	––
高値	––	––
安値	––	––
終値	2742	04/05

25900	成行	72700
売	気配値	買
63300	OVER	
2500	3230	
300	3225	
800	3220	
200	3215	
1100	3210	
100	3205	
9000	3200	
1300	3195	
500	3190	
73700	3185	
	3185	特 79600
	3180	500
	3175	100
	3170	300
	3165	300
	3160	1000
	3150	600
	3145	400
	3135	300
	3130	300
	UNDER	77000

新興市場の銘柄は、東証一部の銘柄と企業規模が違い、発行株数も少ないので、わずかな買い優勢で株価が飛びます。買いが多くなると、その値動きが材料となり、買いが買いを呼び込む展開になります。

新興の銘柄を手掛ける個人投資家は、ストップ高、ストップ安に慣れていますので、売買

③シリコンスタジオ(3907)の気配値と歩み値(09:05)

時刻	歩み値	約出来
−	−	−
−	−	−
−	−	−
−	−	−
−	−	−
−	−	−
−	−	−
−	−	−
−	−	−
−	−	−
−	−	−
−	−	−
−	−	−
−	−	−
−	−	−

始値	−−	−−
高値	−−	−−
安値	−−	−−
終値	2742	04/05

23800	成行	75200
売	気配値	買
63300	OVER	
2500	3230	
300	3225	
800	3220	
200	3215	
1100	3210	
100	3205	
9000	3200	
1300	3195	
500	3190	
73700	3185	
	3185	特 82400
	3180	500
	3165	200
	3160	1000
	3150	700
	3135	100
	3130	300
	3125	200
	3120	900
	3115	500
	UNDER	71500

④シリコンスタジオ(3907)の気配値と歩み値(09:24)

時刻	歩み値	約出来
09:24	3145	100
09:24	3150	100
09:24	3150	100
09:24	3155	200
09:24	3165	100
09:24	3145	100
09:24	3155	100
09:24	3150	100
09:24	3145	100
09:24	3145	100
09:24	3155	200
09:24	3155	100
09:24	3155	100
09:24	3150	400
09:24	3145	200

始値	3200	09:24
高値	3210	09:24
安値	3130	09:24
終値	2742	04/05

−−	成行	−−
売	気配値	買
68100	OVER	
1400	3200	
2400	3195	
2400	3190	
500	3185	
200	3180	
400	3175	
100	3170	
500	3165	
300	3160	
100	3155	
	3145	500
	3140	300
	3135	100
	3130	400
	3125	500
	3120	800
	3115	1200
	3110	1100
	3105	800
	3100	2900
	UNDER	80100

の速度も手早いのが特徴です。この銘柄のように、ぐんぐん上がりだしたら、その勢いに乗る、素早いトレードがカギを握ります。

もちろん、ストップ高の翌日が、またもやストップ高とは限りませんが、株価や需給に勢いがあるうちは、利幅をとれる可能性がありますので、乗るのが良いでしょう。

⑤シリコンスタジオ(3907)の気配値と歩み値(09:24)

時刻	歩み値	約出来
09:24	3175	100
09:24	3190	300
09:24	3190	200
09:24	3175	100
09:24	3175	200
09:24	3175	100
09:24	3180	400
09:24	3190	100
09:24	3185	100
09:24	3190	100
09:24	3200	200
09:24	3195	300
09:24	3195	300
09:24	3195	100
09:24	3195	100

始値	3200	09:24
高値	3210	09:24
安値	3130	09:24
終値	2742	04/05

−−	成行	−−
売	気配値	買
50700	OVER	
9200	3240	
3200	3235	
2500	3230	
700	3225	
800	3220	
200	3215	
900	3210	
300	3205	
500	3200	
300	3195	
	3175	200
	3170	700
	3165	300
	3160	1000
	3155	300
	3150	1200
	3145	400
	3140	300
	3135	600
	3130	800
	UNDER	80800

⑥シリコンスタジオ(3907)の気配値と歩み値(09:25)

時刻	歩み値	約出来
09:25	3245	51700
09:25	3240	9100
09:25	3235	3100
09:25	3230	100
09:25	3225	100
09:25	3215	100
09:25	3230	600
09:25	3225	300
09:25	3215	300
09:25	3220	500
09:25	3230	200
09:25	3230	200
09:25	3230	200
09:25	3230	400
09:25	3230	100

始値	3200	09:24
高値	3245	09:25
安値	3130	09:24
終値	2742	04/05

1700	成行	57800
売	気配値	買
--	OVER	
--	--	
--	--	
--	--	
--	--	
--	--	
--	--	
--	--	
--	--	
--	--	
11500	3245	
	3245	特 59700
	3240	200
	3235	200
	3220	200
	3215	400
	3210	100
	3205	800
	3200	300
	3190	200
	3185	100
	UNDER	85000

9 最終的にストップ高、おいしい動きにチャンス

サーバーホスティング業中堅であるＡＳＪ（２３５１）はネット決済やゲームなどで長期安定的な経営を目指す、有配の新興市場銘柄です。

日足チャートは、押し目からの反発の過程（①）。前の日にストップ高したので（③）、この日はどうなるのか。

朝の寄り付き前の気配を見ると、前の日の強い動きが嘘のような閑散の気配値。だからと言って、売り物が多いわけではありません（④⑤）。

①ASJ（2351）の日足チャート

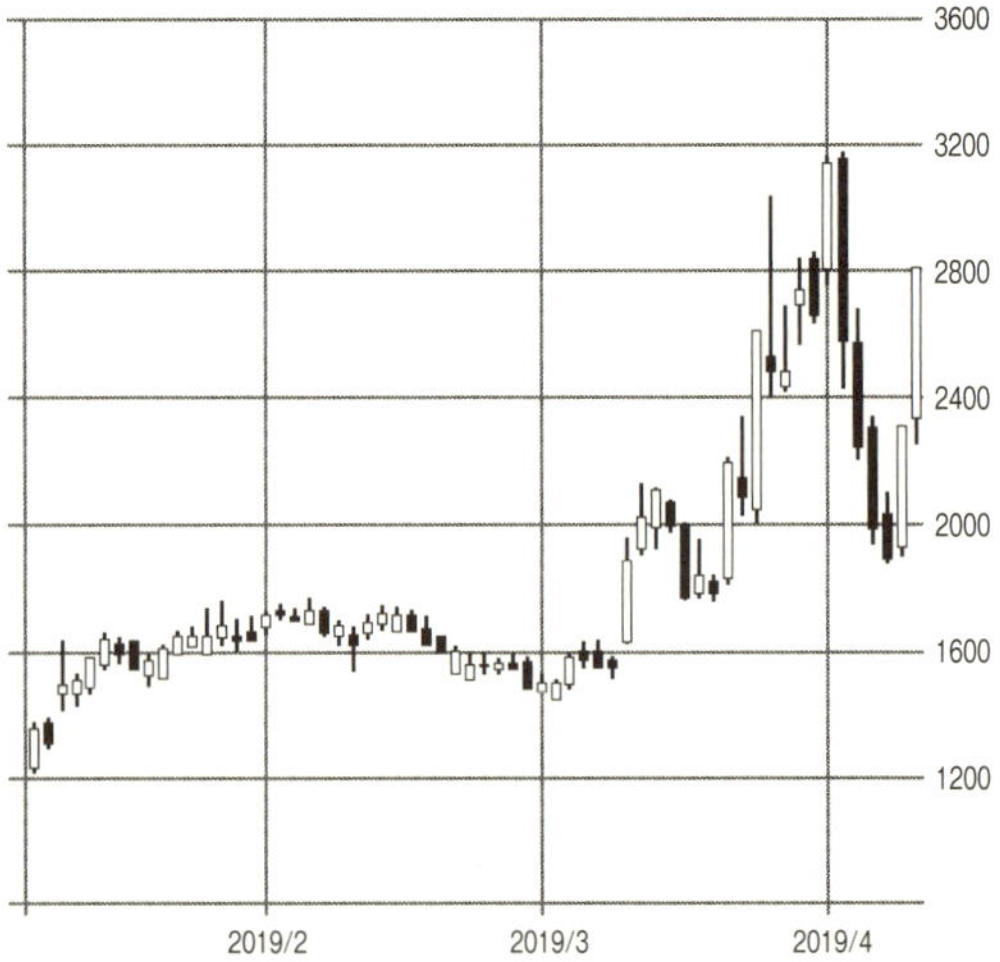

すごい人気でもなく、株価も手ごろ。

様子見の人が買いに入ったか、寄り付きは30円高と、強めの動きです（⑥）。

朝一の5分足は、売り買い交錯のプラス圏の動きです（⑦）。

②ASJ(2351)前日の5分足チャート

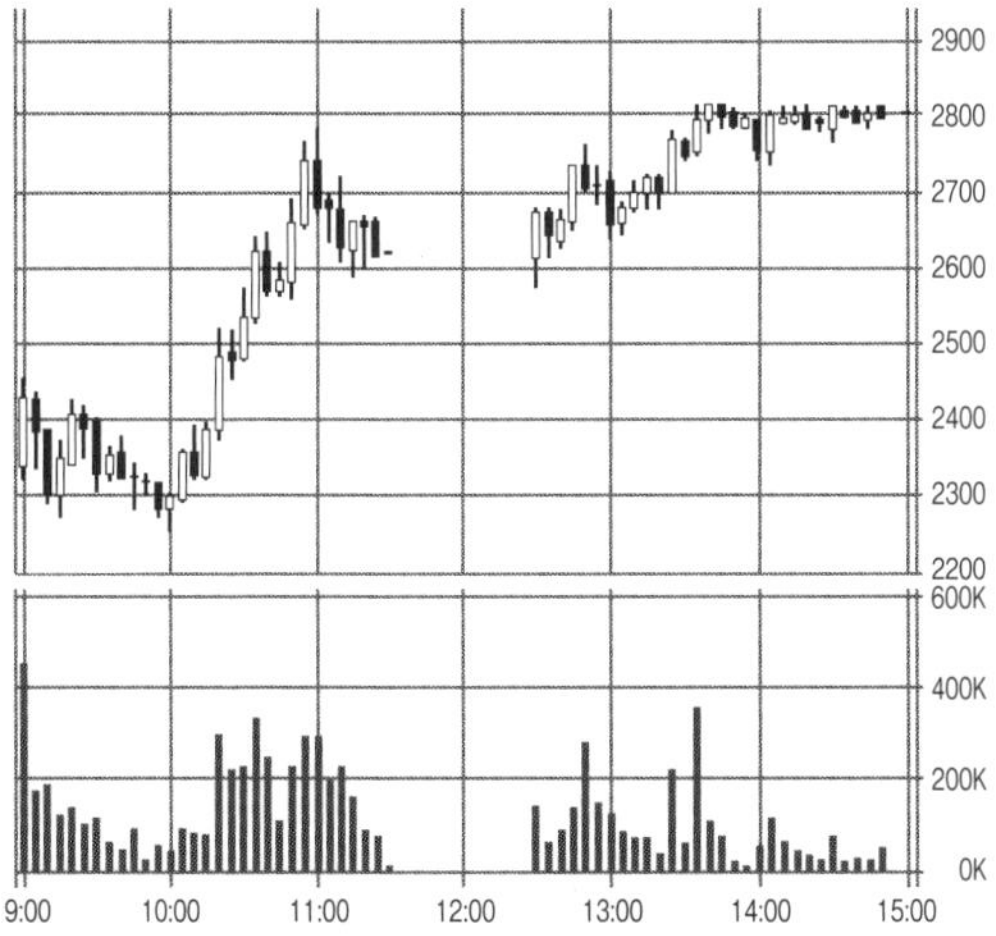

③ASJ(2351)ストップ高の大引け時(15:00)

始値	2341	09:00
高値	2811	13:37
安値	2253	10:01
終値	2311	04/08

--	成行	17300
売	気配値	買
	OVER	
	2811	1800
	2806	100
	2805	100
	2804	200
	2802	200
	2801	100
	2799	100
	2798	100
	2796	200
	2795	600
	UNDER	120700

しかし、この銘柄、さあ、どうでしょうか。

最終的には、ストップ高に張り付きました。不安の少ない値動きと言えます。

この手の銘柄は、あくまでも「押し目待ち」で対応するのが賢明と言えます。

いきなりのストップ高でないところにチャンスがあり、この日の最後に張り付くのは、仕

④ASJ(2351)の気配値と歩み値(08:02)

時刻	歩み値	約出来
－	－	－
－	－	－
－	－	－
－	－	－
－	－	－
－	－	－
－	－	－
－	－	－
－	－	－
－	－	－
－	－	－
－	－	－
－	－	－
－	－	－
－	－	－

始値	－－	－－
高値	－－	－－
安値	－－	－－
終値	2311	04/08

30300	成行	26700
売	気配値	買
76100	OVER	
300	2314	
100	2312	
2300	2311	
700	2310	
100	2309	
400	2307	
100	2306	
600	2300	
100	2299	
34000 前	2288	
	2288	前 32900
	2280	100
	2273	100
	2270	500
	2268	100
	2261	100
	2254	200
	2252	1100
	2251	800
	2250	800
	UNDER	71100

⑤ASJ(2351)の気配値と歩み値(08:15)

時刻	歩み値	約出来
－	－	－
－	－	－
－	－	－
－	－	－
－	－	－
－	－	－
－	－	－
－	－	－
－	－	－
－	－	－
－	－	－
－	－	－
－	－	－
－	－	－
－	－	－

始値	－－	－－
高値	－－	－－
安値	－－	－－
終値	2311	04/08

28000	成行	24000
売	気配値	買
77500	OVER	
100	2306	
500	2300	
100	2299	
1100	2288	
200	2287	
100	2280	
100	2266	
100	2261	
100	2260	
30400 前	2251	
	2250	前 30500
	2242	900
	2240	1700
	2239	200
	2236	300
	2235	100
	2232	100
	2231	500
	2230	700
	2228	100
	UNDER	55700

手筋からの誘導も感じさせられます。

高値に飛びつかず、日足の「大陽線」の方向についていくのも、新興ゆえの面白さと言えます。

板のバランスを見ながら、押したところを買うことで報われる銘柄のようです。

⑥ASJ(2351)の気配値と歩み値(09:00)

時刻	歩み値	約出来
09:00	2335	100
09:00	2335	100
09:00	2334	100
09:00	2326	100
09:00	2338	100
09:00	2327	300
09:00	2335	100
09:00	2341	100
09:00	2338	100
09:00	2321	100
09:00	2334	100
09:00	2332	100
09:00	2320	100
09:00	2321	100
09:00	2322	100

始値	2341	09:00
高値	2386	09:00
安値	2320	09:00
終値	2311	04/08

--	成行	--
売	気配値	買
70600	OVER	
100	2361	
100	2358	
300	2357	
100	2355	
100	2354	
200	2350	
3000	2349	
200	2347	
100	2346	
200	2341	
	2326	200
	2322	200
	2321	200
	2320	900
	2319	300
	2318	100
	2316	700
	2315	2700
	2314	100
	2313	700
	UNDER	92200

⑦ASJ(2351)の寄り付きの5分足チャート

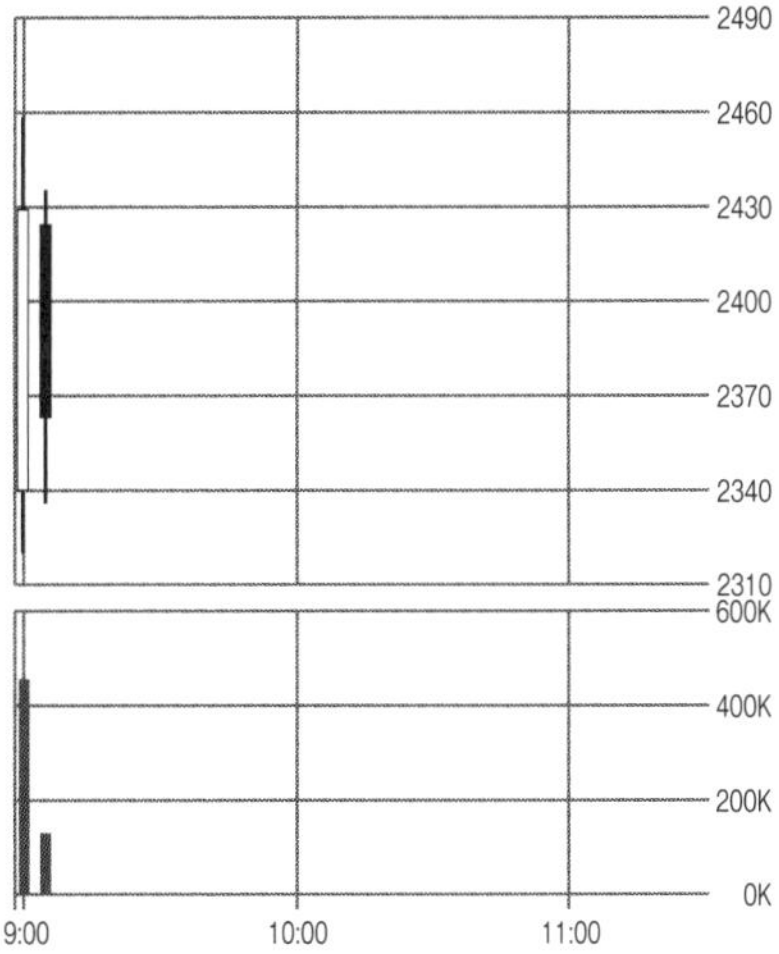

10

「夢よ再び」の材料でストップ高連続はなるか

サンバイオ（4592）と言えば、最近人気だったバイオ関連銘柄です。慢性期脳梗塞薬の開発で一躍人気化して、最高株価は1万2000円まで行きました。ところが、治験不調が伝えられると、ストップ安5連続。株価は1万2000円から3000円割れと、恐ろしい動きでした。

そのサンバイオが、またまた復活か。

いきなりのストップ高を見せたのです。

材料は、厚生労働省から同社が進めている外傷性脳損傷を対象にした再生細胞薬が厚生労働省の「先駆け審査指定制度」の対象品目に選ばれたというものです。

前のストップ安は治験不調でしたが、今回は厚生労働省の肝入りとなったというものです。早耳筋から情報が漏れたのか、前の日の2700円台から動き始めて、3340円のストップ高となりました。

「目指すは１万２０００円か」ということで、新興市場を主戦場とする個人投資家からの注文が増えて、翌営業日の今日は「早く買わないと」という考えの人からの買い注文が集まり、前場寄り付き前の板は、予想通りのストップ高、「今日もか、何日、ストップが来るか」。市場は色めき立ったのです。

①サンバイオ(4592)の気配値と歩み値(08:24)

時刻	歩み値	約出来
ー	ー	ー
ー	ー	ー
ー	ー	ー
ー	ー	ー
ー	ー	ー
ー	ー	ー
ー	ー	ー
ー	ー	ー
ー	ー	ー
ー	ー	ー
ー	ー	ー
ー	ー	ー
ー	ー	ー
ー	ー	ー
ー	ー	ー

始値	ーー	ーー
高値	ーー	ーー
安値	ーー	ーー
終値	3340	04/08

76100	成行	624100
売	気配値	買
--	OVER	
--	--	
--	--	
--	--	
--	--	
--	--	
--	--	
--	--	
--	--	
--	--	
535600 前	4040	
	4040	前 672100
	4030	200
	4025	100
	4020	200
	4010	3100
	4000	1000
	3990	1700
	3940	200
	3910	800
	3900	1800
	UNDER	319600

②サンバイオ(4592)の気配値と歩み値(08:35)

時刻	歩み値	約出来
ー	ー	ー
ー	ー	ー
ー	ー	ー
ー	ー	ー
ー	ー	ー
ー	ー	ー
ー	ー	ー
ー	ー	ー
ー	ー	ー
ー	ー	ー
ー	ー	ー
ー	ー	ー
ー	ー	ー
ー	ー	ー
ー	ー	ー

始値	ーー	ーー
高値	ーー	ーー
安値	ーー	ーー
終値	3340	04/08

420900	成行	510700
売	気配値	買
731700	OVER	
65500	3700	
16600	3695	
7100	3690	
400	3685	
7200	3680	
1200	3675	
1300	3670	
1400	3665	
500	3655	
650400 前	3650	
	3645	前 643800
	3640	2500
	3635	100
	3630	500
	3625	800
	3620	600
	3615	200
	3610	900
	3605	1400
	3600	30300
	UNDER	382300

しかし、前の轍《てつ》は踏みたくないという人の「弱気」もあり、寄り付き前から、板はストップ高はがれとなりました。

こうなったら、早く売らないとチャンスを逃すという考えが頭をもたげて、寄り付きこそ、160円高で始まったものの、ストップ高の翌日であるこの日は「寄り付き天井」となりました（④）。

「夢よ再び」と買いを入れたこの日の寄り付きで買った人は、またもや失敗の山となったのです。

これが、最初の材料ならば、おそらく、2日や3日のストップ高は可能だったかもしれません。

しかし、前のストップ安の地獄の恐怖があるので、早々と逃げる人が多く、折角、厚生労働省の肝入りも1日だけの材料となったのです。

③サンバイオ(4592)**の気配値と歩み値**(08:59)

時刻	歩み値	約出来
−	−	−
−	−	−
−	−	−
−	−	−
−	−	−
−	−	−
−	−	−
−	−	−
−	−	−
−	−	−
−	−	−
−	−	−
−	−	−
−	−	−
−	−	−

始値	−−	−−
高値	−−	−−
安値	−−	−−
終値	3340	04/08

458000	成行	516800
売	気配値	買
968000	OVER	
1000	3465	
1400	3460	
2300	3450	
1300	3445	
4200	3440	
300	3435	
400	3430	
300	3425	
3100	3420	
555600	3410	
	3410	特 789700
	3405	1400
	3400	19800
	3395	600
	3390	2200
	3385	400
	3380	5100
	3375	100
	3370	800
	3365	200
	UNDER	268600

④サンバイオ(4592)**の気配値と歩み値**(09:07)

時刻	歩み値	約出来
09:07	3490	400
09:07	3490	200
09:07	3490	100
09:07	3480	400
09:07	3480	100
09:07	3480	100
09:07	3490	100
09:07	3485	100
09:07	3480	100
09:07	3490	100
09:07	3490	100
09:07	3485	300
09:07	3485	200
09:07	3480	700
09:07	3495	200

始値	3500	09:06
高値	3550	09:06
安値	3480	09:06
終値	3340	04/08

--	成行	--
売	気配値	買
957200	OVER	
1100	3535	
4000	3530	
5200	3525	
3000	3520	
3000	3515	
3400	3510	
1800	3505	
900	3500	
1800	3495	
400	3490	
	3485	200
	3480	5300
	3475	1800
	3470	2100
	3465	2200
	3460	3300
	3455	6000
	3450	17500
	3445	2200
	3440	5700
	UNDER	367900

株価は強弱の需給関係で成り立つので、過去の経験を踏まえて板を読まないと、とんだ失敗になるのです。

株価の変動のカギを握るのは、材料の評価と新鮮さです。

極めてインパクトのある材料が初めて発表されたときは、新興の銘柄の場合では、ほとんどストップ高となります。

しかし、それが加えられた二次的なものであれば、目新しさがないので、株価が動くにしても、ストップ高が何回もという期待は持たないほうが賢明と言えるのです。

材料に対する評価は市場が決めることであり、一人相撲はよくないのです。

MAXIM 天井三日、底百日

株価の動きをチャートで見ると、上げていくときは徐々に、下げるときは崖から落ちるように直下降です。

どの銘柄も、落ちるときは一瞬です。

この動きを考えながら、株の仕込み時、損切りのタイミングを考えれば、そうは大きな失敗はありません。

右肩上がりに上げていく株価のクセを見ると、上げの初動のときに、買いに入り、さらに下げたら、押し目を買い、株数を増やしていく――こうしていくうちに、含み益が膨らみ、株価の上昇を満喫できます。

上げるときはわずかずつで、しかも上げ下げがあるので、じれったいに違いありません。そこで、「待つ考え方」を持てば、やがては含み益が増えてくるのです。

しかし、いったん高値を付けた銘柄に少しでも悪い材料が出ると、株価は崖を転げるように、断崖絶壁から落ちるかのように下げるのです。

損切りのタイミングの難しさや、資産を守るうえでの損切りの大切さが、この株価の動き、習性から読めてくるのです。

それぞれの銘柄で、自分はどの位置で株を買ったのかをよく把握しておきましょう。相当な高値で買った場合には、急落のタイミングも近いので、警戒が必要なのです。

＜著者略歴＞

東田　一（ひがしだ・はじめ）

早稲田大学卒。業界紙などでサラリーマン生活を送った後、独立。個人投資家として、アパートマンション投資などの不動産投資、また株式投資においてデイトレーダーとして実践を積む。最近ではそれらの経験から個人投資家のトレード技術の普及に努めている。

著書に、『＜新版＞プロに勝つデイトレの技術』『＜新版＞板情報とチャートでデイトレに勝つ』（ビジネス教育出版社）、『デイトレ必勝の基本　株価チャート「分足」を読む力』（総合科学出版）がある。

板をカンペキに読んで株に勝つ！

2019年 7月8日　新版第1刷発行
2021年10月1日　　第7刷発行

著　者　東田　一
発行者　中野進介
発行所　株式会社ビジネス教育出版社
〒102-0074　東京都千代田区九段南4－7－13
TEL 03-3221-5361（代）FAX 03-3222-7878
E-mail info@bks.co.jp　URL http://www.bks.co.jp

落丁・乱丁はお取り替えします。　印刷・製本　中央精版印刷株式会社
ISBN978-4-8283-0773－2　装丁　目黒眞（ヴァイス）